Coordenação: Andréa Perez e Andréia Roma

MULHERES NA PSICOLOGIA POSITIVA

Edição poder de uma mentoria

Copyright© 2024 by Editora Leader
Todos os direitos da primeira edição são reservados à Editora Leader.

CEO e Editora-chefe:	Andréia Roma
Revisão:	Editora Leader
Capa:	Editora Leader
Projeto gráfico e editoração:	Editora Leader
Suporte editorial:	Lais Assis
Livrarias e distribuidores:	Liliana Araújo
Artes e mídias:	Equipe Leader
Diretor financeiro:	Alessandro Roma

Dados Internacionais de Catalogação na Publicação (CIP)

M922   Mulheres na psicologia positivia: edição poder de uma história, volume 1/
1. ed.   coordenadoras Andréia Roma, Andréa Perez. – 1.ed. – Editora Leader, 2024.
208 p.; 15,5 x 23 cm. – (Série mulheres/ coordenadora Andréia Roma)

Várias autoras
ISBN: 978-85-5474-220-1

1. Carreira profissional – Desenvolvimento. 2. Casos de sucesso. 3. Mentoria. 4. Mulheres na Psicologia positiva. 5. Mulheres – Biografia. 6. Mulheres – Histórias de vidas. 7. Superação. I. Roma, Andréia. II. Perez, Andréa. III. Série.

07-2024/64   CDD 150

Índices para catálogo sistemático:
1. Mulheres na psicologia positiva: Histórias de vidas:
Carreira profissional: Psicologia   150

Bibliotecária responsável: Aline Graziele Benitez CRB-1/3129

2024
Editora Leader Ltda.
Rua João Aires, 149
Jardim Bandeirantes – São Paulo – SP
Contatos:
Tel.: (11) 95967-9456
contato@editoraleader.com.br | www.editoraleader.com.br

A Editora Leader, pioneira na busca pela igualdade de gênero, vem traçando suas diretrizes em atendimento à Agenda 2030 – plano de Ação Global proposto pela ONU (Organização das Nações Unidas) –, que é composta por 17 Objetivos de Desenvolvimento Sustentável (ODS) e 169 metas que incentivam a adoção de ações para erradicação da pobreza, proteção ambiental e promoção da vida digna no planeta, garantindo que as pessoas, em todos os lugares, possam desfrutar de paz e prosperidade.

A Série Mulheres, dirigida pela CEO da Editora Leader, Andréia Roma, tem como objetivo transformar histórias reais – de mulheres reais – em autobiografias inspiracionais, cases e aulas práticas. Os relatos das autoras, além de inspiradores, demonstram a possibilidade da participação plena e efetiva das mulheres no mercado. A ação está alinhada com o ODS 5, que trata da igualdade de gênero e empoderamento de todas as mulheres e meninas e sua comunicação fortalece a abertura de oportunidades para a liderança em todos os níveis de tomada de decisão na vida política, econômica e pública.

CONHEÇA O SELO EDITORIAL SÉRIE MULHERES®

Somos referência no Brasil em iniciativas Femininas no Mundo Editorial

A Série Mulheres é um projeto registrado em mais de 170 países!
A Série Mulheres apresenta mulheres inspiradoras, que assumiram seu protagonismo para o mundo e reconheceram o poder das suas histórias, cases e metodologias criados ao longo de suas trajetórias. Toda mulher tem uma história!
Toda mulher um dia já foi uma menina. Toda menina já se inspirou em uma mulher. Mãe, professora, babá, dançarina, médica, jornalista, cantora, astronauta, aeromoça, atleta, engenheira. E de sonho em sonho sua trajetória foi sendo construída. Acertos e erros, desafios, dilemas, receios, estratégias, conquistas e celebrações.

O que é o Selo Editorial Série Mulheres®?
A Série Mulheres é um Selo criado pela Editora Leader e está registrada em mais de 170 países, com a missão de destacar publicações de mulheres de várias áreas, tanto em livros autorais como coletivos. O projeto nasceu dez anos atrás, no coração da editora Andréia Roma, e já se destaca com vários lançamentos. Em 2015 lançamos o livro "Mulheres Inspiradoras", e a seguir vieram outros, por exemplo: "Mulheres do Marketing", "Mulheres Antes e Depois dos 50",

seguidos por "Mulheres do RH", "Mulheres no Seguro", "Mulheres no Varejo", "Mulheres no Direito", "Mulheres nas Finanças", obras que têm como foco transformar histórias reais em autobiografias inspiracionais, cases e metodologias de mulheres que se diferenciam em sua área de atuação. Além de ter abrangência nacional e internacional, trata-se de um trabalho pioneiro e exclusivo no Brasil e no mundo. Todos os títulos lançados através desta Série são de propriedade intelectual da Editora Leader, ou seja, não há no Brasil nenhum livro com título igual aos que lançamos nesta coleção. Além dos títulos, registramos todo conceito do projeto, protegendo a ideia criada e apresentada no mercado.

A Série tem como idealizadora Andréia Roma, CEO da Editora Leader, que vem criando iniciativas importantes como esta ao longo dos anos, e como coordenadora Tania Moura. No ano de 2020 Tania aceitou o convite não só para coordenar o livro "Mulheres do RH", mas também a Série Mulheres, trazendo com ela sua expertise no mundo corporativo e seu olhar humano para as relações. Tania é especialista em Gente & Gestão, palestrante e conselheira em várias empresas. A Série Mulheres também conta com a especialista em Direito dra. Adriana Nascimento, coordenadora jurídica dos direitos autorais da Série Mulheres, além de apoiadores como Sandra Martinelli – presidente executiva da ABA e embaixadora da Série Mulheres, e também Renato Fiocchi – CEO do Grupo Gestão RH. Contamos ainda com o apoio de Claudia Cohn, Geovana Donella, Dani Verdugo, Cristina Reis, Isabel Azevedo, Elaine Póvoas, Jandaraci Araujo, Louise Freire, Vânia Íris, Milena Danielski, Susana Jabra.

Série Mulheres, um Selo que representará a marca mais importante, que é você, Mulher!

Você, mulher, agora tem um espaço só seu para registrar sua voz e levar isso ao mundo, inspirando e encorajando mais e mais mulheres.

Acesse o QRCode e preencha a Ficha da Editora Leader.
Este é o momento para você nos contar um pouco de sua história e área em que gostaria de publicar.

Qual o propósito do Selo Editorial Série Mulheres®?
É apresentar autobiografias, metodologias, *cases* e outros temas, de mulheres do mundo corporativo e outros segmentos, com o objetivo de inspirar outras mulheres e homens a buscarem a buscarem o sucesso em suas carreiras ou em suas áreas de atuação, além de mostrar como é possível atingir o equilíbrio entre a vida pessoal e profissional, registrando e marcando sua geração através do seu conhecimento em forma de livro.
A ideia geral é convidar mulheres de diversas áreas a assumirem o protagonismo de suas próprias histórias e levar isso ao mundo, inspirando e encorajando cada vez mais e mais mulheres a irem em busca de seus sonhos, porque todas são capazes de alcançá-los.

Programa Série Mulheres na tv
Um programa de mulher para mulher idealizado pela CEO da Editora Leader, Andréia Roma, que aborda diversos temas com inovação e qualidade, sendo estas as palavras-chave que norteiam os projetos da Editora Leader. Seguindo esse conceito, Andréia, apresentadora do Programa Série Mulheres, entrevista mulheres de várias áreas com foco na transformação e empreendedorismo feminino em diversos segmentos.
A TV Corporativa Gestão RH abraçou a ideia de ter em seus diversos quadros o Programa Série Mulheres. O CEO da Gestão RH, Renato Fiochi, acolheu o projeto com muito carinho.
A TV, que conta atualmente com 153 mil assinantes, é um canal de *streaming* com conteúdos diversos voltados à Gestão de Pessoas, Diversidade, Inclusão, Transformação Digital, Soluções, Universo RH, entre outros temas relacionados às organizações e a todo o mercado.
Além do programa gravado Série Mulheres na TV Corporativa Gestão RH, você ainda pode contar com um programa de *lives* com transmissão ao vivo da Série Mulheres, um espaço reservado todas as quintas-feiras a partir das 17 horas no canal do YouTube da Editora Leader, no qual você pode ver entrevistas ao vivo, com executivas de diversas áreas que participam dos livros da Série Mulheres.
Somos o único Selo Editorial registrado no Brasil e em mais de 170

países que premia mulheres por suas histórias e metodologias com certificado internacional e o troféu Série Mulheres® – Por mais Mulheres na Literatura.

Assista a Entrega do Troféu Série Mulheres do livro
Mulheres nas Finanças® – volume I
Edição poder de uma mentoria.

Marque as pessoas ao seu redor com amor, seja exemplo de compaixão.

Da vida nada se leva, mas deixamos uma marca.

Que marca você quer deixar? Pense nisso!

Série Mulheres – Toda mulher tem uma história!

Assista a Entrega do Troféu Série Mulheres do livro **Mulheres no Conselho®** – volume I – Edição poder de uma história.

Próximos Títulos da Série Mulheres

Conheça alguns dos livros que estamos preparando para lançar: • Mulheres no Previdenciário • Mulheres no Direito de Família • Mulheres no Transporte • Mulheres na Aviação • Mulheres na Política • Mulheres na Comunicação e muito mais.

Se você tem um projeto com mulheres, apresente para nós.

Qualquer obra com verossimilhança, reproduzida como no Selo Editorial Série Mulheres®, pode ser considerada plágio e sua retirada do mercado. Escolha para sua ideia uma Editora séria. Evite manchar sua reputação com projetos não registrados semelhantes ao que fazemos. A seriedade e ética nos elevam ao sucesso.

Alguns dos Títulos do Selo Editorial
Série Mulheres® já publicados pela Editora Leader:

Lembramos que todas as capas são criadas por artistas e designers.

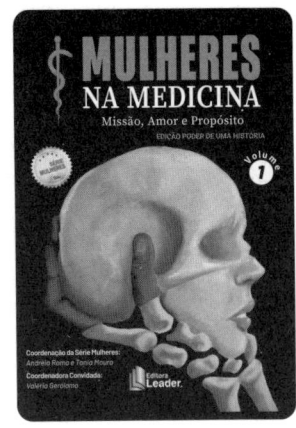

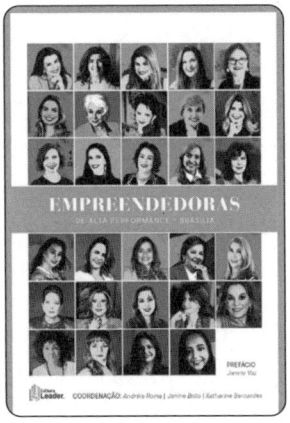

SOBRE A METODOLOGIA DA SÉRIE MULHERES®

A Série Mulheres trabalha com duas metodologias

"A primeira é a Série Mulheres – Poder de uma História: nesta metodologia orientamos mulheres a escreverem uma autobiografia inspiracional, valorizando suas histórias.

A segunda é a Série Mulheres Poder de uma Mentoria: com esta metodologia orientamos mulheres a produzirem uma aula prática sobre sua área e setor, destacando seu nicho e aprendizado.

Imagine se aos 20 anos de idade tivéssemos a oportunidade de ler livros como estes!

Como editora, meu propósito com a Série é apresentar autobiografias, metodologias, cases e outros temas, de mulheres do mundo corporativo e outros segmentos, com o objetivo de inspirar outras mulheres a buscarem ser suas melhores versões e realizarem seus sonhos, em suas áreas de atuação, além de mostrar como é possível atingir o equilíbrio entre a vida pessoal e profissional, registrando e marcando sua geração através do seu conhecimento em forma de livro. Serão imperdíveis os títulos publicados pela Série Mulheres!

Um Selo que representará a marca mais importante que é você, Mulher!"

Andréia Roma – CEO da Editora Leader

CÓDIGO DE ÉTICA
DO SELO EDITORIAL
SÉRIE MULHERES®

Acesse o QRCode e confira

Dedicatória

Dedicamos esta obra a todas as mulheres que desejam fazer uma mudança no mundo com a Psicologia Positiva, dedicando parte de suas vidas a favorecer a felicidade humana. É com profundo agradecimento que reconheço nossa coordenadora, Dani Verdugo, que nos acompanha desde o início deste tema a meu convite, e a querida Juliana Nascimento, convidada para nos apoiar neste segundo volume, porque com a participação dessas duas profissionais fechamos esta obra com chave de ouro.

Nota da Editora

É com grande entusiasmo que apresentamos "Mulheres na Psicologia Positiva®", o primeiro livro acadêmico do Selo Editorial Série Mulheres®. Este projeto inovador, guiado pela expertise de Andréa Perez, oferece uma visão profunda e abrangente das contribuições femininas no campo da Psicologia Positiva, um setor que tem demonstrado crescimento significativo e impacto substancial na sociedade.

Ao longo de suas páginas, "Mulheres na Psicologia Positiva®" conduz os leitores em uma jornada de evolução e conhecimento, explorando diversas áreas em que a Psicologia Positiva tem sido aplicada com sucesso. Cada capítulo, escrito por uma mentora renomada na área, aborda uma temática específica, demonstrando a versatilidade e a riqueza desta disciplina.

No Capítulo de Abertura, Conheça a Psicologia Positiva, a coordenadora Andréa Perez fala sobre a ciência da felicidade e a origem da Psicologia Positiva, suas definições e seus pilares, e a necessidade de mais profissionais da felicidade.

No Capítulo 1, Cristiane Megale Berti Rabenberg discute a aliança entre a Psicologia Positiva e o Coaching Positivo.

Capítulo 2, por Emily Gonçalves, explora as contribuições da Psicologia Positiva no futebol de alto rendimento.

Márcia Fernandes, no Capítulo 3, aplica o Emocione a sua casa: Bem-estar subjetivo aplicado à Neuroarquitetura.

Andréa Perez, no Capítulo 4, foca o Capital Humano Feminino.

Eveline Cerqueira de Carvalho inspira no Capítulo 5 com "Florescer Vidas".

Capítulo 6, de Rossana Jost, trata das "Forças da Felicidade".

Aline Lima, no Capítulo 7, detalha a implementação da Psicologia Positiva em Recursos Humanos.

Capítulo 8, de Priscila Cristina Gonçalves, destaca a Mentoria com Forças de Caráter.

Capítulo 9, por Paula Gãneme, celebra "Mulheres Extraordinariamente Simples em Busca de Florescimento".

Verônica Ávila Souza, no Capítulo 10, discorre sobre a Positivação do Ser Mulher.

Capítulo 11, de Selma Fernandes, introduz as Premissas Conceituais da Psicologia Positiva para a Gestão de Pessoas.

Finalmente, Capítulo 12, por Maria da Penha Silva dos Santos, explora Psicologia Positiva e Mentoring.

Este livro, além de destacar a importância da Psicologia Positiva, celebra o papel das mulheres como líderes de pensamento e inovação neste campo. Cada autora deixa seu legado, fornecendo conhecimentos práticos e teóricos que podem apoiar outros profissionais em suas trajetórias.

Convidamos você a se inspirar e a aprender com estas mulheres que estão não apenas praticando a Psicologia Positiva, mas também moldando o futuro da disciplina.

Andréia Roma
CEO da Editora Leader
Idealizadora e coordenadora do Selo Editorial Série Mulheres®

Agradecimento

Esta obra me faz dedicar meus agradecimentos quase que exclusivamente às mulheres que atuam com a Psicologia Positiva, que fazem parte deste livro e aceitaram o desafio de vir a público apresentar seus trabalhos, concepções, abordagens, reflexões sobre o campo da ciência da felicidade.

Contudo, não posso deixar de estender os meus agradecimentos a todas as mulheres que querem fazer a diferença no mundo com a Psicologia Positiva e que estão produzindo inúmeros trabalhos, projetos, empresas e obras no mercado.

Inserida no campo do desenvolvimento humano, a Psicologia Positiva é um exemplo de representatividade das mulheres no segmento.

Como professora de inúmeras formações em Psicologia Positiva em diversas instituições, inclusive no meu Instituto Felicidade Agora é Ciência – IFAC, no qual formo alunos para atuação na Profissão Felicidade, afirmo que as mulheres ocupam em torno de 80% a 90% das cadeiras de sala de aula.

Fora as salas de aulas, a maior parte das instituições de Psicologia Positiva no Brasil é comandada por mulheres, com dedicação, afinco e com a convicção, assim como eu, de que podem favorecer uma vida mais feliz às pessoas.

Na área editorial, nas cinco obras de coautoria que já organizei antes desta na Coletânea Biblioteca Positiva, que coordeno ao lado da querida Andréia Roma, CEO da Editora Leader, direcionada apenas a temas da Psicologia Positiva, de um total de 108 autores, 95 são mulheres, representando 88% de representatividade feminina.

Não há como não ser grata à força feminina na atuação profissional com a Psicologia Positiva.

E claro que não posso deixar de agradecer à minha amiga irmã Andréia Roma, que convidei para prefaciar esta obra, por sua imensa e indiscutível relevância no mercado editorial de desenvolvimento humano e por sua contribuição à Psicologia Positiva, na qual sempre acreditou, desde o início, como uma ciência que tinha muito a favorecer a vida as pessoas, estando em todos os momentos aberta a novos projetos editoriais nesse campo. Fora a sua atuação na área da Psicologia Positiva, merece destaque a sua dedicação ao Selo Editorial Série Mulheres®, com dezenas de obras já publicadas e registrada em mais de uma centena de países, na qual, hoje, estreio a minha participação com o coração cheio de gratidão.

Para quase finalizar, uso desta obra também para agradecer a minha mãe, Maria Isabel Perez, que me deu a vida, concordando com uma de minhas razões de existência de forma apoiadora e amorosa, de ajudar as pessoas a serem mais felizes, pela entrega do conhecimento que busco adquirir para favorecer vidas melhores em nossa sociedade.

Finalizando, agradeço à divindade que nos concede estar aqui, nos inspirando, intuindo e nos fazendo de intermediárias de sua palavra e amor por esta obra.

Andréa Perez
Head do Instituto Felicidade Agora é Ciência – IFAC

Prefácio

É com imensa gratidão que apresento este livro, *Mulheres na Psicologia Positiva*, uma obra que celebra não apenas as contribuições das mulheres para o campo da Psicologia Positiva, mas também o poder transformador desta disciplina em nossas vidas. Gostaria de expressar meu profundo agradecimento à querida coordenadora, Andréa Perez, uma parceira irmã querida, além de uma autoridade na área de Psicologia Positiva e felicidade. Seu conhecimento e dedicação têm sido fundamentais para mudar o cenário brasileiro, inspirando e impulsionando outras mulheres, como também homens, a buscarem o bem-estar e a realização pessoal.

A história da Psicologia Positiva é uma jornada fascinante, marcada por avanços notáveis e descobertas transformadoras. Surgindo como uma resposta à abordagem da Psicologia tradicionalmente focada nos problemas, a Psicologia Positiva emergiu no final do século XX com a missão de estudar e promover aspectos positivos da experiência humana, como a felicidade, o bem-estar e o florescimento. Desde então, tem sido uma fonte de insights valiosos sobre como podemos cultivar uma vida significativa e gratificante.

Ao longo deste livro, destacamos não apenas a importância da Psicologia Positiva, mas também o papel vital das mulheres nesse campo. De pioneiras que desafiaram as convenções de seu tempo a líderes contemporâneas que continuam a moldar o futuro da Psicologia Positiva, estas histórias iluminam a diversidade e a riqueza das contribuições femininas.

Que este livro sirva como uma homenagem às conquistas das mulheres na Psicologia Positiva, um tributo à influência inspiradora de Andréa Perez e um testemunho do poder transformador da Psicologia Positiva em nossas vidas.

Andréia Roma
CEO da Editora Leader
Idealizadora e coordenadora do Selo Editorial Série Mulheres®

Introdução

Nada como constatar que existem muitas pessoas, como você, interessadas em projetos de Psicologia Positiva planejados, construídos e executados por mulheres.

Tenha você o perfil humano que for, a sua aquisição desta obra demonstra o seu ímpeto de curiosidade ou desejo de aprendizado sobre os temas da Psicologia Positiva, acima de tudo. Uma abordagem que traz inúmeros benefícios para que as pessoas tenham vidas mais realizadas, prósperas, com saúde mental, bem-estar e felicidade.

Apesar de a Psicologia Positiva não trazer as respostas para tudo que contribua para uma vida plena, nenhuma outra ciência também o fará de forma isolada. Neste momento em que a Psicologia Positiva se encontra, já foi constatado que estudar a felicidade requer uma abordagem mais multidisciplinar, e isso já está produzindo uma reação em cadeia em outras áreas do conhecimento, fora da Psicologia, berço de origem dessa ciência.

Por isso, você que chega por aqui e ainda não conhece a ciência da felicidade, ou conhece pouco, precisa estar ciente de que, neste livro, faremos reflexões com base em conceitos, teorias, medições, escalas, intervenções e práticas desenvolvidas em estudos e pesquisas de investigadores e teóricos reconhecidamente valorosos na área da Psicologia Positiva, por ser o âmago do tema desta obra.

Quem desejar conhecer mais sobre a especificidade de alguma área de aplicação pode recorrer a outras obras da Coletânea Biblioteca Positiva, que coordeno tecnicamente na Editora Leader ao lado da Andréia Roma na coordenação editorial, que trazem uma reunião de conteúdos voltados a algum segmento, como na Educação, os livros "Educando Positivamente Volumes 1 e 2", ou na Psicologia Clínica, o livro "Psicologia Positiva Aplicada à Psicologia Clínica", ou na área de saúde, a obra "Intervenções em Psicologia Positiva Aplicadas à Saúde"; na área do Coaching, o livro "Psicologia Positiva Aplicada ao Coaching", que assino com Daniela Levy, ou na área de autoaplicação e desenvolvimento pessoal, "Conexões Positivas", ou para um aprendizado mais robusto sobre o conhecimento na área, nossa primeira obra da coletânea, "Psicologia Positiva: teoria e prática", e por fim, minha última obra solo, "Profissão Felicidade", na qual, aí sim, você já encontrará indicações de como se construir profissionalmente com os temas da abordagem sobre a felicidade com uma extensão de reflexões de forma multidisciplinar.

Aqui, em "Mulheres na Psicologia Positiva", você vai apreciar trabalhos, reflexões, projetos e aplicações da Psicologia Positiva em diversos domínios, produzidos pelas mãos de profissionais que foram escolhidas com todo cuidado para enriquecer esta obra, convidadas pessoalmente por mim, por conta da seriedade, dedicação, idealismo e qualidade com que produzem seus trabalhos.

Sugerimos que a leitura comece pelo Capítulo de Abertura – Conheça a Psicologia Positiva, para que inicialmente você possa tomar posse de conhecimentos sobre a Psicologia Positiva, que irão facilitar a sua compreensão das abordagens apresentadas nos demais 12 capítulos, nos quais você encontrará áreas de aplicação como: esporte, Coaching, recursos humanos, gestão de pessoas, autoconhecimento, desenvolvimento de carreira, mentoria, capital humano, psicoterapia, florescimento e bem-estar.

Em se tratando de campo de ciência, apesar de uma construção textual leve e fluida, todos os capítulos se reservam o respeito à cientificidade e às teorias em suas referências e construções, o que faz com que você aprenda ao mesmo tempo que toma contato com os projetos apresentados. Por isso, ao final, você encontrará nas Referências Bibliográficas as obras ou artigos indicados, ou mesmo nas referências de pé de página em cada capítulo.

Nosso desejo é que esta obra gere em você, homem ou mulher, a inspiração necessária para fazer parte desse segmento do desenvolvimento humano que idealiza mudar o mundo com a ciência da felicidade.

Andréa Perez
Head do Instituto Felicidade Agora é Ciência – IFAC

Sumário

Conheça a Psicologia Positiva 34
    Andréa Perez

Capítulo 1 - A Psicologia Positiva aliada ao Coaching Positivo 44
    Cristiane Megale Berti Rabenberg

Capítulo 2 - As Contribuições da Psicologia Positiva no Futebol de Alto Rendimento 56
    Emily Gonçalves

Capítulo 3 - Emocione a sua casa: Bem-estar Subjetivo Aplicado à Neuroarquitetura 66
    Márcia Fernandes

Capítulo 4 - Capital Humano Feminino 76
    Andréa Perez

Capítulo 5 - Florescer Vidas 90
    Eveline Cerqueira de Carvalho

Capítulo 6 - Forças da Felicidade: passando a limpo a própria história 100
    Rossana Jost

Capítulo 7 - Implementação da Psicologia Positiva como estratégia de ampliação das intervenções do setor de Recursos Humanos 112
    Aline Lima

Capítulo 8 - Mentoria com Forças de Caráter inspirando autoconhecimento e realizações 122
    Priscila Cristina Gonçalves

Capítulo 9 - Mulheres extraordinariamente simples em busca de florescimento 134
    Paula Gãneme

Capítulo 10 - Positivação do Ser Mulher: um estudo de caso da Psicologia Positiva na psicoterapêutica com Mulheres 144
    Verônica Ávila Souza

Capítulo 11 - Premissas Conceituais da Psicologia Positiva para a Gestão de Pessoas 154
    Selma Fernandes

Capítulo 12 - Psicologia Positiva e Mentoring: Práticas para o Desenvolvimento de Carreira 164
    Maria da Penha Silva dos Santos

Conclusão 177

Referências 179

Conheça a Psicologia Positiva

Por Andréa Perez

Tratando de uma obra sobre a atuação de mulheres e seus projetos no campo da Psicologia Positiva, nada como iniciar abordando, em linhas gerais, a ciência da felicidade, para que os leitores possam ter uma compreensão mais exata do que é esse campo.

Para que a experiência da leitura não se torne repetida em aspectos conceituais ao longo dos capítulos, já que cada um deles traz conteúdos que alicerçam os trabalhos apresentados aqui, você terá uma explanação breve sobre a ciência da felicidade, de forma a possibilitar que você obtenha informações sobre o que é, sua estrutura teórica e um pouco mais.

Como tudo começou

A Psicologia Positiva surgiu na Psicologia e sua construção encontra influências em diversos estudos. De posse do *Special Issue on Happiness, Excellence, and Optimal Human Functioning,* da *American Psychlogist*[1] – que apresentou no contexto acadêmico

---

[1] CSIKSZENTMIHALY, Mihaly & SELIGMAN, Martin. E. P. Positive Psychology – An Introduction. In: American Psychologist – Special Issue on Happiness, Excellence, and Optimal Human Functioning. Washington, DC. American Psychological Association. 2000.

a Psicologia Positiva – são reunidos 15 artigos/temas que já vinham sendo desenvolvidos e coadunam com sua temática.

Antes da Segunda Guerra Mundial, a Psicologia tinha três missões distintas:

- curar doenças mentais;
- tornar a vida das pessoas mais produtiva e cheia de satisfação; e
- identificar e desenvolver talentos.

Com o retorno de ex-combatentes adoecidos emocional e psicologicamente, houve grande foco na reparação dos danos dos transtornos, o que trouxe inúmeros benefícios para o entendimento e a criação de novas terapias, mas as duas outras missões da Psicologia foram praticamente esquecidas.[2]

Autores alegam que isso teve um custo, pois houve negligência da área acadêmica quanto ao estudo do que está certo com as pessoas e sobre a boa vida[3], ou seja, as duas outras missões.

Com a Psicologia Positiva, começa um "boom" de estudos acadêmicos sobre a vida boa e aspectos humanos positivos, resgatando, de certa maneira, as missões "esquecidas" da Psicologia. Mas nem tanto, já que, apesar de ser apontada como algo novo, a Psicologia Positiva, com foco nos aspectos positivos da vida humana, já bebia da fonte de outros estudiosos sob a ótica do positivo.

Para exemplificar:

- William James (1842-1910), considerado o Pai da Psicologia, já nutria atenção para o funcionamento ótimo e a inclinação para a saúde das pessoas, abordando a mente saudável[4].

---

[2] CSIKSZENTMIHALY, Mihaly & SELIGMAN, Martin. E. P. Positive Psychology – An Introduction. In: American Psychologist – Special Issue on Happiness, Excellence, and Optimal Human Functioning. Washington, DC. American Psychological Association. 2000.

[3] PETERSON Christopher. A Primer in Positive Psychology. New York: Oxford University Press, 2006

[4] James, W. (1902). The varieties of religious experience: A study in human nature. Longman, Green.

- A Psicologia Humanista também se dedicou à avaliação de aspectos humanos positivos nos trabalhos de Abraham Maslow sobre autorrealização, ao lado de outros estudiosos como Carl Rogers.

- Carol Ryff destaca que já havia extensas literaturas sobre o positivo na Psicologia Clínica, do desenvolvimento, existencial e humanística.[5]

Como ciência, vamos conhecer em que pilares se estrutura a Psicologia Positiva, que norteiam os estudos, investigações e práticas.

Pilares da Psicologia Positiva

Eleito Martin Seligman para presidente da American Psychology Association (APA) para a gestão do ano de 1999, ele começa sua trajetória de construção da Psicologia Positiva, e junto, com a colaboração de diversos estudiosos, ao lado de Mihaly Csikszentmihalyi, apresenta os Pilares da Psicologia Positiva em 2000 com a primeira publicação na área acadêmica:

- **No nível SUBJETIVO:**

    EMOÇÕES POSITIVAS, que inclui, no passado, o bem-estar, o contentamento e a satisfação; no futuro, a esperança e o otimismo; e, no presente, o engajamento (*flow*) e a felicidade;

- **No nível INDIVIDUAL:**

    TRAÇOS INDIVIDUAIS POSITIVOS, que inclui capacidade para amar, vocação, coragem, habilidade interpessoal, sensibilidade estética, perseverança, perdão, originalidade, mente aberta, espiritualidade, talentos elevados e sabedoria; e

---

[5] Ryff, Carol. Positive Psychology: Looking Back and Looking Forward. Affiliations expand PMID: 35369156 PMCID: PMC 8967995 DOI: 10.3389/fpsyg.2022.840062, 2022.

- **No nível DE GRUPO:**

    INSTITUIÇÕES POSITIVAS, que inclui as virtudes cívicas e as instituições que levam as pessoas a uma melhor cidadania, como: responsabilidade, altruísmo, civilidade, moderação, tolerância e trabalho ético.

Esses são os três pilares que você encontrará praticamente em todos os livros que apresentam a Psicologia Positiva e que estruturam todo o arcabouço teórico de seus temas e teorias.

Agora, vamos ao momento de tomar contato com algumas definições.

Conhecendo definições da Psicologia Positiva

Em minha obra Profissão Felicidade – Volume 1, apresento algumas definições, as quais reproduzo para a compreensão da Psicologia Positiva:

1) Segundo Christopher Peterson[6]: "A Psicologia Positiva é o estudo científico do que vai bem à vida do nascimento até a morte e em todas as paradas entre eles".

2) Para Charles Richard Snyder e Shane J. Lopez[7], a Psicologia Positiva "é o enfoque científico e aplicado da descoberta das qualidades das pessoas e da promoção de seu funcionamento positivo".

3) Para mim, a "Psicologia Positiva é a ciência da felicidade que contempla o estudo das características, aspectos e emoções humanas, com foco em teoria, medição, intervenções e práticas que potencializem, no âmbito individual e coletivo, o bem-estar".[8]

---

[6] PETERSON, Christopher. A Primer in Positive Psychology. New York: Oxford University Press, 2006
[7] SNYDER, C.R. & LOPEZ, Shane J. Psicologia Positiva. Uma abordagem Científica e Prática das Qualidades Humanas. Porto Alegre: Artmed, 2009
[8] BITTENCOURT, Ana Clara Gonçalves; PEREZ, Andréa; Livramento, Renata. Psicologia Positiva Aplicada à Psicologia Clínica. São Paulo: Editora Leader, 2018

Conhecendo já algumas definições, é importante compreender a origem do termo que, de alguma forma, traz um tanto de polêmicas quanto à autoria.

"Psicologia Positiva" – o termo

O termo "psicologia positiva" foi cunhado pela primeira vez por Abraham Maslow em 1954 no capítulo *Toward a Positive Psychology* na obra *Motivation and Personality*, e, por conta disso, muitos destacam que a Psicologia Positiva teria nascido com os psicólogos humanistas.

Christopher Peterson[9] aponta que Abraham Maslow usou o termo em seu capítulo como uma frase para descrever sua ênfase em criatividade e autorrealização, tendo mais à frente nomeado seu estudo como Psicologia de Saúde e Crescimento.[10]

Ainda sobre o nome, no item a seguir sobre as Ondas da Psicologia Positiva, vamos conhecer uma consideração interessante quanto à não mais utilização por alguns autores do termo "psicologia positiva", sendo opção de alguns tratar de "ciência da felicidade", assim como eu.

Ondas da Psicologia Positiva

Como ciência, a Psicologia Positiva também vem-se desdobrando em momentos (ondas) de sua "evolução", de geração de conhecimento pelos quais passa e se transforma.

- **Primeira Onda**

A **Primeira Onda** tem como característica a atenção da academia quanto à ênfase sobre o positivo do humano, aspecto de marca inegável e relevância quando do seu lançamento, em contraponto ao que, até então, era investigado com total ênfase na

---

[9] PETERSON, Christopher. What is Positive Psychology, and What is It Not? – Positive Psychology studies what makes the worth living. 2008. In: The Good Life– site Psychology Today, 2013

[10] PETERSON, Christopher. A Primer in Positive Psychology. New York: Oxford University Press, 2006

Psicologia, os aspectos negativos, nos estudos e pesquisas sobre as patologias e os transtornos.

E, diante de um corpo de pesquisas robusto, rapidamente suas temáticas cresceram e se disseminaram em cursos e disciplinas em universidades, escolas, empresas, negócios, *startups*, aplicativos e na vida cotidiana em grande parte do mundo, assim como no Brasil, trazendo à tona e com ênfase a **positividade** como marca da Primeira Onda da Psicologia Positiva.

■ **Segunda Onda**

No campo da Psicologia Positiva, tivemos o que pode ter sido considerado como um marco da **Segunda Onda**: a publicação em 2016 do livro *Second Wave Positive Psychology: Embrancing the Dark Side of Life*, de Itai Ivtzan, Tim Lomas, Kate Hefferon e Piers Worth, que trouxe uma "nova" perspectiva sobre a interpretação das noções do positivo e, em especial, do negativo, justificando a necessidade de considerar a dialética das emoções.

Anteriormente à publicação desta obra, outros estudiosos já traziam suas reflexões e definições que incluíam o negativo (*dark side*) na soma de quem somos, escolhendo aqui, como exemplo, Barbara S. Held[11], que, em 2004, cunhou o termo Segunda Onda pela primeira vez.

Neste ponto, a concepção do negativo incorpora o estudo, com a possibilidade de gerar resultados positivos em nossas vidas, e, ainda, a dialética das emoções, ao abordar que é impreciso afirmar que uma emoção é sempre positiva ou negativa e que seus respectivos efeitos valorosos ou danosos, respectivamente, seriam certos.

Acredito que podemos contemplar a Segunda Onda, cuja ênfase é a **polaridade** (negativo – positivo), de alguma forma, como um resgate de nossa humanidade, sucumbindo ao apelo da positividade a qualquer custo.

---

[11] HELD, Barbara S. The negative Side of Positive Psychology. Journal of Humanistic Psychology, vol. 44. n.º 1, Winter, p. 9-446, 2004.

▪ Terceira Onda

Na Primeira Conferência Africana de Psicologia Positiva em 2018, Marié P. Wissing apresenta: *Embracing Well-being in Diverse Contexts: the Third Wave of Positive Psychology*, com considerações sobre o "momento" da Terceira Onda da Psicologia Positiva e, depois, em outras apresentações com colegas, mantém a mesma concepção.

Apesar do pioneirismo de Wissing, que definitivamente cunha o nome da abordagem da Terceira Onda, é possível identificar, no artigo *Third wave positive psychology: broadening towards complexity*, de Tim Lomas e colegas, de 2020, a ausência de indicação de tais trabalhos e publicações, apontando o que seria uma contribuição nova.

Sobre a Terceira Onda, Wissing e colegas (2018)[12] destacam:

> Os sinais de uma mudança de foco e pressupostos da terceira onda estão entre outros: um foco na integração, modelos mais complexos levando em conta a interconectividade e a dinâmica, um esforço para entender as interações e dinâmicas entre os indivíduos e os contextos culturais e socioecológicos mais amplos no bem-estar, e assumindo uma perspectiva ontológica relacional. As abordagens de métodos mistos estão ganhando destaque, com o reconhecimento explícito da contribuição das abordagens qualitativas para uma compreensão mais profunda do bem-estar. Estratégias analíticas multinível estão em voga em estudos quantitativos. A mudança mais proeminente que caracteriza a terceira onda é a passagem para uma fase pós-disciplinar perceptível no aumento da pesquisa multi, inter e transdisciplinar sobre bem-estar.

---

[12] WISSING, M. P., SCHUTTE, L., and LIVERSAGE, C. "Thought developments in positive psychology: The third wave and post-disciplinary move", in Paper at the 9th European Conference on Positive Psychology, Budapest, Hungary (Budapest: ECPP), 2018

Tim Lomas e colegas destacam que a Terceira Onda é marcada pela **complexidade** em diversos aspectos relacionados aos estudos da Psicologia Positiva: no foco das investigações, nas disciplinas, na cultura ou contextos culturais e nas metodologias.

Cumprindo a promessa que fiz no item anterior, Tim Lomas e colegas consideram não caber mais no momento o termo 'psicologia positiva". Apontam que a parte "psicologia" do termo não se mantém, a partir da Terceira Onda, por conta da complexidade interdisciplinar necessária, e a segunda parte, "positiva", não se sustenta após a Segunda Onda, que trouxe à cena a coparticipação da emoção negativa.

Psicologia Positiva Aplicada

Até aqui, parece que a Psicologia Positiva se restringe a pesquisas científicas, enclausuradas na academia e com acesso apenas aos estudiosos. Nada disso. Desde sua concepção que esse movimento tinha como proposta tornar a vida das pessoas melhor e isso só acontece na vida real e não em laboratórios.

Esta obra vai reunir inúmeros exemplos de Psicologia Positiva Aplicada, concebidas nas mãos de profissionais com formações diversas, não estando o campo restrito à Psicologia no qual se deu a sua origem.

Apesar da concepção científica alinhada à construção de teorias, medições e intervenções, testadas em diversas investigações em grandes centros de pesquisa em todo o mundo, inclusive no Brasil, é nas mãos dos *"practitioners"* que se ampliam as possibilidades de favorecimento da felicidade humana e reconhecimento dos aspectos humanos positivos.

Na obra Profissão Felicidade – V.1, que já citei aqui, destaco a diversidade de aplicações dos temas da ciência da felicidade, que é um aspecto extremamente atraente nesse estudo. Ao longo de estudos e aplicações, pude constatar o quanto a Psicologia

Positiva é aplicável a diversas atuações profissionais, e, por isso, venho defendendo o termo PROFISSÃO FELICIDADE, que possibilita decifrar essa diversidade de aplicação.

São diversas atuações que podem compor a atuação na PROFISSÃO FELICIDADE, como: Educação Positiva, Liderança Positiva, Saúde Positiva, Psiquiatria Positiva, Aplicações Forenses, Inteligência Artificial, Tecnologia Positiva, Arterapia Positiva, Sexualidade Positiva, Neurociência Positiva, Jornalismo Construtivo, Arquitetura e Psicologia Positiva, Turismo e Psicologia Positiva, Design Positivo, Esporte Positivo, Carreira Positiva, entre outros.

Mas existem algumas atuações que vêm sendo muito procuradas na PROFISSÃO FELICIDADE, e que formamos no Instituto Felicidade Agora é Ciência (IFAC):

- Mentores de Felicidade, de Virtudes e Forças de Caráter e de Intervenções Positivas.
  - Palestrante com temas da Psicologia Positiva.
  - Educadores para atuação em curso de graduação e pós-graduação.
  - Treinadores para atuar em empresas ou criar seus próprios cursos.
  - *Practitioners* da Ciência da Felicidade para atuarem de forma customizada na sua área de formação ou para empreenderem.
  - Condutores de Florescimento Humano no modelo Flourishing Dip[13].
  - Consultores e Profissionais de aplicação da modelagem Happy Workplace para uma cultura de potencialização da saúde mental e felicidade.

---

[13] Esta certificação é realizada por Andréa Perez e Gilmar Carneiro.

Considerações Finais

Há alguns anos venho investigando e defendendo que precisamos de mais Happiness Makers, ou seja, "profissionais de felicidade empoderados que realizam projetos efetivos, éticos e de impacto ao bem-estar da sociedade, com abertura ao aprendizado voltado à realização, proatividade e autoeficácia para transformação diante do novo, aproveitando os recursos disponíveis".[14]

Os desafios contemporâneos que estamos vivenciando requerem ações imediatas e urgentes de melhoria da saúde mental das pessoas e as pessoas que atuam com a PROFISSÃO FELICIDADE têm muito a favorecer a felicidade ou pelo menos a condição indispensável para a sua busca.

As mulheres que estão nesta obra, convidadas de forma seletiva e apurada, são exemplos de Happiness Makers que compreendem que seu conhecimento sobre a Psicologia Positiva, apresentada brevemente neste capítulo, precisa ser colado no mundo de forma a favorecer vidas e contribuir, virtuosa e humanamente, a um bem maior.

---

[14] CORRÊA, Andréa Perez. Happiness Maker – Surprise Class edição 4. 27 de março de 2023. Slides em PowerPoint. Disponível em: <https://cursos.felicidadeagoraeciencia.com.br>. Acesso em: 27 mar 2023

Capítulo 1

A Psicologia Positiva aliada ao Coaching Positivo

Cristiane Megale Berti Rabenberg

Psicóloga pela UNIP-Campinas, pós-graduada em Desenvolvimento Humano nas Organizações pela PUCCAMP e MBA em Neurociência e Psicologia Positiva pelo IPOG. Coach formada pelo Integrated Coaching Institute desde 2011, certificada em Educação Emocional Positiva e nas ferramentas DISC Profiler, Jornada do Autoconhecimento e Practitioner em Forças de Caráter. Estudiosa e apaixonada pela Ciência da Felicidade, a Psicologia Positiva. Experiência internacional como coach para liderança atuando em programas de desenvolvimento para líderes nos EUA. Há mais de 20 anos dedica-se a estudar e trabalhar com o ser humano, tendo carreira construída e consolidada em empresas multinacionais e em consultorias de Recursos Humanos.

A vida humana será sempre um enigma muitas vezes não compreendido por nós, apesar de todos os recursos disponibilizados pela ciência moderna. Porém, do pouco que sabemos, a ideia de que nascemos com potenciais é inquestionável.

Isso nos dá a chance de nos tornarmos melhores, de nos desenvolvermos, de sermos mais capazes do que quando chegamos nesta existência.

A Psicologia Positiva veio nos mostrar isso por meio de seus estudos científicos, que abrangem a felicidade, as forças de caráter, o bem-estar, as emoções positivas, entre outros aspectos. Termos clareza sobre quais são nossas principais forças de caráter, podendo colocá-las em prática de forma consciente, e termos a chance de experienciarmos a vida sob nossos potenciais, vivendo de forma mais autêntica e saudável.

A Psicologia Positiva também nos mostra que a felicidade cabe dentro da ciência e não está fadada aos livros de autoajuda. Todo ser humano quer ser feliz, então como a felicidade nunca havia sido estudada pela ciência? Pois é, não havia, porém, Martin Seligman e Mihaly Csikszentmihalyi, de forma disruptiva, abraçaram esses estudos e apresentaram a Psicologia Positiva ao mundo em 1998 como a ciência da felicidade e, em 2004, unem-se a Christopher Peterson com o estudo das qualidades humanas.

Falar sobre felicidade para mim é lembrar de uma pessoa incrível que foi minha psicoterapeuta no início da minha vida profissional. Com sua experiência, amor e capacidade de nos ajudar a nos organizar emocionalmente, ela foi a primeira pessoa que me disse que o desejo de todo ser humano é SER FELIZ. Nessa época eu nem imaginava que pudesse existir uma ciência falando sobre isso.

Refletir sobre o que ela me dizia me faz pensar que queria me falar que pelo olhar do Coaching todo ser humano, independentemente de quem seja ou da cultura na qual esteja inserido, tem uma meta de vida que é ser feliz. Ela, sábia como era, tinha razão, afinal, de um jeito ou de outro, com mais ou menos consciência, nós trabalhamos para vivermos momentos felizes.

Neste capítulo vamos abordar a ciência da felicidade através do entendimento do Coaching Positivo por meio das etapas e intervenções de um modelo de atendimento criado por mim, bem como a importância de utilizarmos o VIA Survey como ferramenta de apoio ao autoconhecimento e alcance das metas traçadas.

Em que o Coaching pode favorecer a felicidade?

O Coaching é uma metodologia que tem como foco a realização de competências comportamentais que você almeja conquistar por meio da criação de metas. Ele não abre espaço para o tratamento de psicopatologias, sendo assim, seu foco é no que está saudável e é funcional no ser humano.

Apesar de ele não ser Psicoterapia, algo restrito à prática

do psicólogo, ele é terapêutico, se pensarmos que se trata de uma metodologia que trabalha o autoconhecimento, levando as pessoas a refletirem sobre si mesmas e sobre sua relação com o outro e assim fazerem os ajustes comportamentais e cognitivos necessários. Eu costumo dizer que esse tipo de trabalho que envolve autoconhecimento é um caminho de volta: uma volta para dentro de si.

A abordagem científica que une o Coaching e a Psicologia Positiva é chamada de Positive Psychology Coaching, sendo que, no Brasil, a podemos nomear como Coaching Positivo. Ela tem como objetivo ajudar os clientes a aumentarem seu bem-estar, criarem consciência sobre suas forças de caráter, melhorarem sua performance para alcançarem suas metas.

O Coaching Positivo vem para agregar a metodologia tradicional de Coaching no que tange ao entendimento da complexidade humana.

Robert Biswas-Diener e Ben Dean (2007) escrevem que a Psicologia Positiva se ajusta naturalmente com o Coaching, à medida que ambos repousam na suposição de que as pessoas são basicamente saudáveis, engenhosas e motivadas para o crescimento.

Sendo assim, podemos afirmar que o Coaching Positivo tem como foco principal inspirar pessoas a se conhecerem, a se apropriarem e utilizarem suas forças de caráter, bem como trazerem à tona todo seu potencial de realização.

Por ser uma metodologia estruturada, ou seja, com começo, meio e fim, trabalhamos até três metas por processo de Coaching dentro de dez a 12 sessões, visto que o número de sessões pode ser flexível para mais ou menos dependendo da evolução e disponibilidade do cliente, o qual chamamos de *coachee*.

Durante anos de trabalho como *coach* com foco no desenvolvimento de líderes e transição de carreira, desenvolvi um modelo de atendimento inspirando-me no modelo GROW, na Psicologia Positiva e no Coaching positivo. Apresento a vocês esse modelo, bem como minha experiência prática utilizando-o.

Modelo de Atendimento e Intervenções 5 A's

Chamado de **"5 A's",** esse modelo de atendimento possui cinco etapas pelas quais o *coach* transita durante o processo de Coaching, com o objetivo de ajudar o *coachee* a ampliar sua consciência a respeito de si mesmo, de suas metas e ações.

O Modelo 5 A's está desenhado da seguinte maneira:

- 01 Aprofundar o autoconhecimento
- 02 Ancorar as metas
- 03 Abordar a realidade
- 04 Aprimorar as ações
- 05 Avaliar as conquistas

Antes de trabalharmos as metas no processo de Coaching, nosso ponto de partida é a primeira **etapa** desse modelo, chamada de **aprofundar o autoconhecimento**. Iniciamos o trabalho por aqui, pois sabermos quem somos, como funcionamos, o que nos motiva e qual é o sentido que damos a esse trabalho, é fundamental para que metas pertinentes sejam criadas e alcançadas com sucesso.

Nessa primeira etapa, o VIA Survey é o *assessment* utilizado pela sua credibilidade e foco nas forças de caráter. Um *assessment* criado por Christopher Peterson e sua equipe com mais de 55 pesquisadores e, hoje, mantido e atualizado por Ryan Niemiec e Robert McGrath, analistas seniores do VIA Institute, as maiores autoridades no assunto, um instrumento que traz importante credibilidade em seu resultado teórico e prático.

O VIA Survey, ao ser concluído, produz um relatório com 24 forças de caráter vinculadas às seis virtudes ubíquas identificadas em pesquisas pelos teóricos do tema. O resultado do *assessment* traz uma visão sobre as qualidades positivas humanas, permitindo que o *coachee* se reconheça por meio de suas forças e não fraquezas ou limitações. Com isso, ele tem a chance de criar novas percepções sobre si, impactando em sua autoestima, autovalorização e autoeficácia.

Isso é importante e revelador, já que a mente humana, na maioria das vezes, está programada para olhar os pontos negativos, e, por isso, entrar em contato com as forças de caráter é criar uma nova percepção sobre si, é entender que todos nós temos "superpoderes", como se fôssemos super-heróis, e que eles devem estar em um lugar bem visível e acessível dentro de nós.

Um dos grandes desafios do *coach* durante o trabalho é fazer com que o *coachee* entenda a prática das forças de caráter nas ações do dia a dia, bem como seu impacto e utilização adequada, afinal, se as utilizarmos em *overuse* (excesso) ou *underuse* (escassez) precisaremos fazer ajustes por não estarmos utilizando-as da melhor maneira.

Como *coach*, vivencio o processo de autodescoberta dos meus *coachees* através da interpretação do VIA Survey. É interessante observar como as pessoas na maioria das vezes têm dificuldade para se reconhecerem no que possuem de melhor para oferecer a si mesmas e ao mundo. Porém, quando isso acontece, elas dão espaço para florescerem por meio do entendimento dos seus potenciais, o que as encoraja a superar desafios e alcançar as metas traçadas.

A **segunda etapa** do modelo 5 A's refere-se a **ancorar as metas.** Criar metas é o primeiro passo para que possam posteriormente ser ancoradas. Criar metas bem definidas é importante para que o trabalho seja feito de forma sustentável, já que trazem foco ao processo de Coaching, bem como nos dão a possibilidade para chegarmos aos resultados e avaliarmos nosso desempenho e mudanças.

Vale lembrar que nem sempre o *coachee* chega ao trabalho com clareza sobre suas metas, cabendo ao *coach* questioná-lo e orientá-lo para que elas sejam criadas.

Podemos levar algumas sessões para ajudá-lo a definir suas metas, porém não tenha pressa, pois metas claras e bem definidas trazem resultados consistentes.

Um ponto de atenção importante ao *coach* nesse momento é o fato de ele estar atento ao viés de buscar pelas metas a todo custo, uma vez que a metodologia tradicional de Coaching nos ensina dessa forma, no entanto, nem sempre esse é o melhor caminho, mesmo porque ele não vai ao encontro do Coaching Positivo, que tem como premissa a elevação das emoções positivas e o florescimento humano.

Perseguir a meta a todo custo pode levar o *coachee* a um estado de estresse e ansiedade que prejudicará sua produtividade e ganhos durante o trabalho.

Tendo as metas definidas, passamos para a **terceira etapa** do modelo que chamamos de **abordar a realidade.** Nela, o *coach* explora a realidade do *coachee* utilizando perguntas abertas, as quais são uma ferramenta trazida pelo Coaching tradicional, que leva o *coachee* a refletir sobre suas questões.

No Coaching Positivo utilizamos também a Investigação Apreciativa[1] criada por David L. Cooperrider como forma de reflexão, afinal esta tem como objetivo focar o que é útil e funcional de cada situação. Em ambas as ferramentas o *coach* não é o profissional que dá respostas, mas sim aquele que leva o *coachee* a chegar às respostas.

Eu acredito que seja mais valoroso sabermos e sentirmos que ao chegarmos às respostas desvendamos o enigma, criamos oportunidades, um caminho melhor do que quando alguém nos traz algo pronto. Goethe tem uma frase que ilustra bem isso: "O melhor que podes fazer pelos demais não é mostrar-lhes tuas riquezas, mas sim fazê-los ver sua própria riqueza". Ao conseguimos reconhecer nossas próprias riquezas, o valor que damos a elas é maior, afinal esse movimento nos conecta profundamente à nossa capacidade de realização.

Nessa etapa, é importante frisar que a construção de um contexto de confiança e respeito mútuo são fundamentais para que o processo de Coaching flua, cresça e dê bons resultados. Se não houver essa relação construída, o trabalho pode estar fadado ao fracasso.

Um ambiente confiável também é importante para que o *coachee* possa trazer para as sessões seus sentimentos em relação ao assunto que está sendo abordado, cabendo ao *coach* acolhê-los, porém não os tratar, papel destinado ao psicólogo. Digo aos meus *coachees* e os convido a pensar que, quando nascemos, recebemos uma "malinha" de mão que será nossa por toda a existência. Nela, vamos colocar nossas experiências, vivências, valores e crenças, ou seja, tudo aquilo que nos define como seres únicos.

---

[1] A Investigação Apreciativa é uma metodologia que tem como base a abordagem positiva e como foco identificar e melhorar o que temos como potencial ao invés de se concentrar nos problemas. Ela é um caminho alternativo à prática do Coaching Positivo através da utilização de perguntas abertas com foco positivo e não no problema em questão.

O *coach* deve reconhecer essa "malinha", considerando em primeiro lugar que o *coachee* é um ser singular, bem como a demanda trazida por ele. Então, por mais que eu tenha um modelo de atendimento estruturado, precisarei fazer ajustes na conduta das sessões e adequar ferramentas, dependendo das necessidades trazidas pelo *coachee*. Dessa forma, vou em frente com o processo de Coaching tendo a certeza de que não existe "receita de bolo" a ser seguida quando considero o ser humano singular. Lembremo-nos que aquilo que é padronizado pode engessar-se e o que é flexível e ajustável pode libertar.

Após fazermos a investigação da realidade do *coachee*, passamos para a **quarta etapa** do modelo, denominada **aprimorar as ações.**

Na etapa anterior, a ênfase estava em explorar, compreender e interpretar a realidade, sendo o *coachee* o seu próprio observador. Nesta, o foco é colocar em prática tudo que fez sentido para ele, considerando diferentes oportunidades que proporcionem a criação de ações que o conduzam à experiência prática e ao alcance das metas. Com a consciência e o autoconhecimento expandidos, as oportunidades para enxergar mais possibilidades e diferentes caminhos aumentam, o que o tira da zona de conforto e de padrões mentais preestabelecidos. Utilizar diferentes ferramentas como prática deste trabalho é parte da "caixinha de ferramentas" do *coach* e deve ser feita individualmente.

Meus atendimentos me ensinaram que existem pessoas que adoram as ferramentas, pois elas as ajudam a visualizar algo que é subjetivo, outras, porém, com perfil reflexivo, têm seus *insights* e mudanças acontecendo a partir das reflexões.

Conseguir enxergar diferentes oportunidades é estar diante de possibilidades de escolha. Fazer uma boa escolha envolve muitas coisas, entre elas, a autoconsciência de saber o que faz sentido para você, uma vez que o sentido está relacionado às descobertas e o propósito à execução, sendo assim, o *coach* deve levar o *coachee* a reflexões mais profundas sobre o sentido desse trabalho e da execução do seu propósito.

Como disse Viktor Frankl: "Podem roubar tudo de um homem, salvo uma coisa: a última das liberdades humanas, a escolha da atitude pessoal perante um conjunto de circunstâncias para decidir seu próprio caminho".

Escolhas feitas, ações praticadas e resultados visíveis, chegamos à **quinta** e última etapa do modelo 5 A's, chamada de **avaliar as conquistas**. Nela, avaliamos os resultados advindos das mudanças de comportamentos e percepções, bem como utilizamos o *feedback* como recurso ferramental para a troca saudável de percepções.

Rever todas as metas e reconhecer as conquistas considerando as expectativas, desejos, anseios e limitações de cada *coachee* é fundamental dentro desse processo de desenvolvimento humano, pois seres humanos esperam por isso independentemente de quem sejam, do cargo que ocupam ou da carreira que escolheram.

No exercício para avaliar evolução do *coachee* em relação às metas, eu utilizo uma pergunta chave que é: *De 0 a 10, como você percebe a sua evolução em relação a essa meta?* A partir do momento que o *coachee* dá uma nota para si mesmo, é papel do *coach* levá-lo à reflexão sobre o porquê dessa nota e quais foram as mudanças e os ganhos observáveis para que ela faça sentido. Às vezes, *coachees* com alto senso crítico se avaliam abaixo da performance, então o *coach* tem a responsabilidade de ajudá-lo a enxergar a realidade pelo viés de uma autoavaliação mais realista dos fatos.

Nesta etapa, o *coachee* fará novamente o VIA Survey com

o objetivo de checar a permanência e/ou as mudanças de classificação das forças de caráter, fruto das mudanças advindas deste trabalho.

Meu desejo para cada *coachee* que atendo é que, ao final do processo de Coaching, ele possa se reconhecer como um ser integral e através de suas forças de caráter, acessando-as com mais frequência do que antes de iniciarmos o trabalho.

Sinto-me extremamente feliz e realizada em poder dividir com vocês o meu modelo de trabalho, minhas reflexões e práticas. Use e abuse dessas dicas, pois agregarão ao seu trabalho e nos ajudarão a disseminar a prática do Coaching de forma responsável e ética.

Capítulo 2

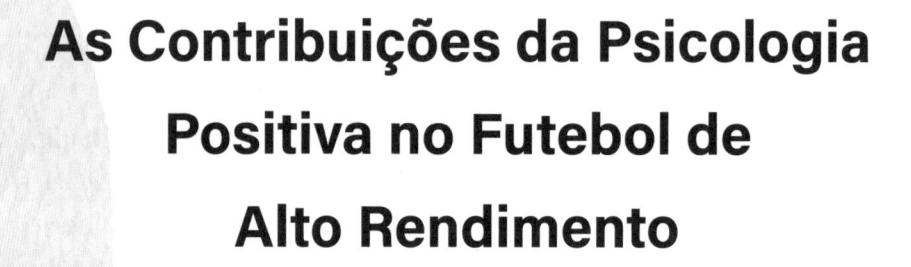

As Contribuições da Psicologia Positiva no Futebol de Alto Rendimento

Emily Gonçalves

INSTAGRAM

Profissional do florescimento humano, coordena o setor de Psicologia do esporte e é psicóloga do futebol profissional do Fluminense Football Club.

Psicóloga, formada pela Universidade Veiga de Almeida e pós-graduada em Psicologia Positiva: ciência do bem-estar e autorrealização pela PUC-RS.

Palestrante, condutora de workshops, é considerada uma das pioneiras no Brasil a reconhecer o potencial transformar da Psicologia Positiva no esporte.

Destaca-se ainda pelo o desenvolvimento de facilitadores de bem-estar nas organizações esportivas com o objetivo de prevenir o adoecimento e promover a saúde mental.

"Obrigado por tudo. Você me faz ser o que eu sou hoje!"
Jhon Arias – atleta do Fluminense Football Club

O mundo do futebol é um ambiente de intensa competição, no qual cada detalhe pode fazer a diferença entre vitória e derrota. Nos bastidores desses grandes palcos do esporte, além do treinamento físico e tático, os estudos sobre preparação mental estão cada vez mais em evidência em busca de resultados sustentáveis.

Ao ingressar na Psicologia Esportiva, o foco de trabalho se baseava nas altas demandas em relação à queda de rendimento dos atletas, ou seja, era mais um trabalho para melhorar o que não estava bom. Em 2011, ao cursar a especialização clínica em Terapia Cognitivo-Comportamental com integração com a Neurociência, tive a felicidade de me reconhecer com a prática da Psicologia Positiva, que fazia parte da ementa do curso.

Um dos principais pesquisadores da Ciência da Felicidade, Martin Seligman (2002), contextualiza que a Psicologia deveria identificar e potencializar o que está bom, ao invés de consertar apenas o que está errado. Diante do cenário esportivo repleto de jovens sonhadores, no qual a resiliência, a esperança, o otimismo e a eficácia deveriam ser prioridades em sua formação de base, encontrei uma cultura de insegurança psicológica, acolhendo muitas vezes a dor da falta de pertencimento, pessimismo, desesperança e abandono do futebol.

Ao longo deste capítulo, exploraremos como a Psicologia Positiva pode fortalecer o vínculo entre os membros da equipe, promover a resiliência em momentos de pressão, estimular a motivação intrínseca e otimizar o foco e a concentração durante os jogos cruciais. Analisaremos também como técnicas e estratégias específicas, como visualização, metas desafiadoras e *feedback* construtivo podem potencializar a performance individual e coletiva dos atletas. Além disso, será apresentado um estudo de caso com exemplo prático de uma equipe de futebol de um clube da série A, destacando a implementação dessas práticas inovadoras no contexto esportivo, contribuindo com o florescimento humano.

Fundamentos da Psicologia Positiva no Esporte

A Psicologia do Esporte é a ciência que estuda o comportamento dos indivíduos antes, durante e depois da prática esportiva que, tradicionalmente, se concentra no déficit e na patologia humana (Rubio, 2007). Já a Psicologia Positiva é um movimento científico que foca nos aspectos positivos dos indivíduos e no que faz a vida valer a pena (Seligman, 2011). E, antes mesmo da primeira publicação com Martin Seligman e Mihaly Csikszentmihalyi, é possível encontrar pesquisas e aplicações da Psicologia Positiva no esporte, conforme a obra "Fundamentos da Psicologia do Esporte e do exercício" (Weinberg; Gould, 2001), com estudos sobre o estado de fluxo, teoria da atribuição, resiliência, autoeficácia entre os temas que abordaremos no capítulo.

No ambiente altamente competitivo do futebol de elite, os aspectos mentais dos atletas são cruciais para o desempenho individual e coletivo (Seligman, 2011). Para Reppold e Gurgel

(2015), a Psicologia Positiva oferece uma abordagem inovadora e eficaz para fortalecer esses aspectos mentais, focando o desenvolvimento das emoções positivas, das forças pessoais e das estratégias de enfrentamento, desenvolvendo a resiliência, autoeficácia, confiança, atenção plena, emoções positivas e o cultivo dos relacionamentos positivos. Vamos entender conceitualmente cada um desses aspectos.

A **resiliência** é a capacidade de se recuperar rapidamente de situações desafiadoras e adversidades. Considerando que os atletas enfrentam constantes pressões e contratempos, a resiliência é fundamental para manter o desempenho consistente.

A **autoeficácia** refere-se à crença do indivíduo em sua capacidade de alcançar metas específicas, estando intimamente ligada à confiança dos atletas em suas habilidades.

A **atenção plena** experienciada pela prática do *mindfulness* é uma habilidade essencial para os jogadores de futebol, especialmente durante os momentos de alta pressão e estresse.

As **emoções positivas**, como a alegria, a gratidão e a esperança, têm um impacto significativo no bem-estar emocional e no desempenho dos jogadores.

Os **relacionamentos positivos** entre os jogadores e a equipe técnica são fundamentais para o sucesso da coesão de equipe, colaborando com o desenvolvimento da cooperação e confiança, aumentando a capacidade de superar obstáculos, lidar com as adversidades e manter um ambiente positivo e produtivo (Fleury, 2013). Desenvolver estratégias de fortalecimento de vínculos como atividades de apoio mútuo, estabelecimento de metas compartilhadas e promoção da comunicação aberta e honesta, celebrar e reconhecer conquistas individuais e coletivas são algumas sugestões aplicáveis durante os treinamentos e, por facilitação, os profissionais que lideram as atividades diárias.

Mentalidade Vencedora e a Gestão da Pressão

Uma **mentalidade vencedora** é caracterizada pela determinação, confiança e por ser capaz de lidar com os desafios com resiliência (Dweck, 2017). As principais estratégias para desenvolver tal mentalidade são a visualização mental positiva, o estabelecimento de metas desafiadoras e alcançáveis e a promoção do pensamento otimista.

A pressão é uma parte inevitável do futebol de alto rendimento, especialmente durante jogos importantes e decisivos. Portanto, a **resiliência** é uma das principais habilidades que o atleta necessita praticar, reconhecendo a adversidade, e, com seus recursos pessoais como o cultivo da coragem, perseverança e prática da autocompaixão, lidar com os fatores estressores por exemplo, erros durante a partida, cobrança da torcida, perda de um jogo, conflito com a arbitragem, críticas internas e pressão por resultados.

Motivação e Foco

A **motivação intrínseca** surge de interesses internos e da satisfação pessoal e é essencial para manter os jogadores engajados e comprometidos com o seu desempenho (Weinberg e Gould, 2001). A Psicologia Positiva oferece estratégias para estimular a motivação intrínseca, como o estabelecimento de metas pessoais significativas, o reconhecimento e celebração das conquistas individuais e coletivas, e a promoção de um ambiente de trabalho que valorize a autonomia, a competência e a conexão social.

O **foco e a concentração** são habilidades essenciais para os jogadores de futebol durante os treinos e competições. Para a manutenção dessas habilidades, são oferecidas técnicas como a prática da atenção plena e da focalização sensorial, o desenvolvimento de rituais pré-competição para entrar no estado de "fluxo", e o estabelecimento de metas de desempenho específicas e mensuráveis.

O ambiente de treinamento desempenha um papel fundamental no desenvolvimento da motivação e foco dos jogadores.

Desse modo, recomenda-se a criação de um ambiente de treinamento que promova a competição saudável, o apoio mútuo entre os jogadores, e a valorização do esforço e dedicação, além de proporcionar *feedback* construtivo e encorajador por parte dos treinadores e membros da equipe técnica.

Técnicas e Práticas de Intervenção

No futebol de alto rendimento, a aplicação de técnicas e práticas de intervenção baseadas na Psicologia Positiva pode ser um diferencial para maximizar o desempenho individual e coletivo dos jogadores.

A **visualização mental** é uma técnica poderosa utilizada por muitos jogadores e equipes para melhorar o desempenho. A Psicologia Positiva incentiva a prática regular da visualização mental, na qual os jogadores imaginam-se executando movimentos técnicos precisos, tomando decisões rápidas e eficazes durante o jogo e alcançando o sucesso desejado. A visualização mental ajuda a fortalecer as conexões neurais relacionadas às habilidades motoras, aumenta a confiança e reduz a ansiedade (HUTZ, 2015).

O estabelecimento de **metas desafiadoras** é uma prática comum entre os atletas de alto rendimento. Para isso, sugere-se o estabelecimento de metas específicas, mensuráveis, alcançáveis, relevantes e temporais (SMART) para ajudar os jogadores a se manterem motivados e focados em seus objetivos. Metas desafiadoras incentivam a superação pessoal, promovem o comprometimento com o treinamento e as competições e impulsionam o crescimento e desenvolvimento contínuo.

O *feedback* é uma ferramenta essencial para o desenvolvimento dos jogadores. A Psicologia Positiva enfatiza a importância do *feedback* construtivo e encorajador, que fornece informações claras e específicas sobre o desempenho dos jogadores, destaca pontos fortes e áreas de melhoria, e oferece apoio e incentivo para o crescimento pessoal e profissional. O *feedback* construtivo e encorajador ajuda a aumentar a autoconfiança, promove a aprendizagem e fortalece o relacionamento entre jogadores e treinadores.

A **autorreflexão e o autoconhecimento** são fundamentais para o desenvolvimento pessoal e profissional dos jogadores. Por isso, os atletas são encorajados a dedicarem tempo para refletir sobre seu desempenho, identificar pontos fortes e áreas de melhoria e estabelecer planos de ação para alcançar seus objetivos. A autorreflexão e o autoconhecimento ajudam os jogadores a desenvolverem uma compreensão mais profunda de si mesmos, suas motivações e aspirações e a assumirem maior responsabilidade por seu crescimento e desenvolvimento.

A Psicologia Positiva oferece técnicas para gerenciar eficazmente a pressão, como a prática da **respiração profunda e consciente** para manter a calma em momentos de estresse, o estabelecimento de rotinas pré-competição para aumentar a sensação de controle e a utilização de **estratégias de focalização** para manter o foco no presente e nas tarefas em mãos.

Mesmo os jogadores mais motivados e focados podem enfrentar obstáculos ao longo da temporada. Para isso, eles podem utilizar a identificação e reestruturação de pensamentos negativos e autolimitantes, o estabelecimento de planos de ação para enfrentar desafios específicos, e o desenvolvimento de estratégias de recuperação rápida após contratempos ou fracassos.

A Força da Esperança como Pilar de Disseminação da Psicologia Positiva

Em 2018, o Fluminense Football Club me integrou à equipe de ciências do esporte da equipe profissional com o objetivo de disseminar a saúde mental, e, como consequência, ajudar no desenvolvimento humano para performar de maneira sustentável. Era meio de temporada e ainda estávamos próximos à zona de rebaixamento. Além de participar de todo o contexto que o psicólogo do esporte precisa acompanhar, como treinamentos, suplementação nutricional, preparação física, avaliação fisiológica e médica, minha primeira intervenção foi investigar o estilo atributivo[1] da equipe, buscando entender os próximos passos até o final da temporada.

Após a avaliação, constatei que o otimismo prevalecia na equipe e segui avaliando as forças de caráter, e, por meio das observações de todo o campo de trabalho, mais a integração com as áreas envolvidas, coletei elementos importantes que correspondem aos eixos da Teoria do Bem-Estar: emoções positivas, engajamento, relacionamentos positivos, sentido e realizações, de Martin Seligman

Por meio de um trabalho de desenvolvimento de facilitadores desde a formação até o profissional, o clube adotou uma abordagem centrada nos relacionamentos nutritivos e nas forças de caráter como espiritualidade, esperança, integridade, esperança e humor, além da resiliência e resistência mental reforçada pelo otimismo presente em acreditar no potencial da equipe, mantendo o foco no presente, em vez de se preocupar com as expectativas alheias e comentários externos.

O resultado foi uma temporada histórica, na qual o grande objetivo foi alcançado, superando todas as previsões, com o clube conquistando o título da Copa Libertadores da América pela primeira vez, com atletas engajados desde o início da temporada até o último minuto da prorrogação do dia 4 de novembro de 2023, com a demonstração de gratidão ao trabalho realizado pela psicóloga descrita no início do capítulo.

O marco da participação da Psicologia, por intermédio de sua metodologia com a aplicação da Psicologia Positiva, foi mediante a manifestação de alguns atletas que desde 2019 utilizam o seu lugar de fala para expandir e fortalecer que a Psicologia potencializa as pessoas, transforma por meio dos vínculos nutritivos e que a saúde mental é o ouro mais valioso da vida.

---

[1] O estilo atributivo é a forma como explicamos para nós mesmos os acontecimentos da vida, desenvolvendo o otimismo ou o pessimismo. (SELIGMAN, 2010)

Considerações Finais

O estudo das contribuições da Psicologia Positiva na equipe de futebol de alto rendimento revela um panorama fascinante de como os aspectos mentais dos atletas podem ser aproveitados para impulsionar uma performance saudável. Ao longo deste capítulo, exploramos os fundamentos da Psicologia Positiva no contexto esportivo, desde a psicoeducação sobre as habilidades do que faz a vida valer a pena até o cultivo de uma mentalidade vencedora baseada nas qualidades humanas.

Demonstramos como técnicas e práticas de intervenção podem ser aplicadas com sucesso no mundo do futebol de alto rendimento. O estudo de caso prático, como o do Fluminense Football Club, destacou a eficácia da aplicabilidade da Ciência da Felicidade, tanto na promoção de um rendimento notável, como na conquista de objetivos específicos.

É evidente que a Psicologia Positiva desempenha um papel crucial na maximização do potencial dos atletas, fortalecendo aspectos como a coesão de equipe, a resiliência diante da adversidade, a motivação intrínseca e a atenção plena. Além disso, contribui para a construção de ambientes de treinamento e competição que promovem bem-estar emocional e mental dos atletas, importantes para o sucesso a longo prazo.

É válido que continuemos a pesquisar e aplicar a Psicologia Positiva no mundo dos esportes, impactando gestores, treinadores e atletas, reconhecendo a importância de cultivar uma cultura de segurança psicológica facilitando o florescimento humano.

Investir no desenvolvimento integral de todos os envolvidos no mundo do futebol com a Psicologia Positiva é valorizar e priorizar a saúde mental como como uma vantagem competitiva.

Capítulo 3

Emocione a sua casa: bem-estar subjetivo aplicado à neuroarquitetura

Márcia Fernandes

INSTAGRAM

Psicóloga Clínica com experiência de 37 anos na área. Psicodramatista, Psicoterapeuta Positiva e Master em Neuroarquitetura. Coautora dos livros "Psicologia Positiva Teoria e Prática", Psicologia Positiva aplicada à Psicologia Clínica, Educando Positivamente V2 (Org. Andréa P. Corrêa). Autora do livro Amor, Espiritualidade e Florais. Docente universitária e Coordenadora de cursos de graduação e pós-graduação na área da Saúde Integrativa e Bem-estar (Universidade Anhembi Morumbi, FACIS, FMU, USP e UNIFESP). Idealizadora do projeto Viver em Casas Terapêuticas e Clínica em Psiconeuroarquitetura.

Dobramos a esquina. Avançamos mais alguns passos. Vislumbramos. Abrimos a porta. Adentramos. Somos tomados. Ocupamos o lugar que transborda sobre nós. O olhar percorre, o olfato atua sem licença, a pele impele o toque, o ar envolve, os sons ecoam. Os sentidos todos despertam. Piso, teto e paredes acolhem. O coração se preenche. Respiramos. Suspiramos. Enfim, estamos em casa.

Após longos, quase 40 anos trabalhando como psicóloga clínica, tenho clara a observação da influência da casa, da morada, na vida das pessoas, os padrões emocionais que permeiam esta relação e os fatores que desencadeiam angústia ou felicidade. Incluí em meus atendimentos os cuidados com a casa e a escuta sobre questões que implicavam conflitos e desconfortos. Nas sessões, procuro apresentar recursos da Psicologia Positiva para maior entendimento e florescimento do cliente: elementos do PERMA, estudo das Forças de Caráter e postulados como exercícios de gratidão. Determinada a trabalhar com casas que emocionam, recorri recentemente a uma especialização: a Neuroarquitetura e, então, reuni a ela a Psicologia Clínica, a Psicoterapia Positiva, encontrando significativas formas de acomodá-las gentilmente na condução dos atendimentos aos quais chamo de viver em casas terapêuticas, estimulando emoções positivas, engajamento, convívio e sentido.

A vez da Neuroarquitetura

Entender de pessoas é uma notória atribuição do campo da Psicologia a qual aproximou-se da Arquitetura e, na evolução desse encontro, surge a Neuroarquitetura, termo que, por apropriação de aglutinação linguística, sugere que a Neurociência se aplique à Arquitetura e assim propor uma prática baseada em evidências provenientes de estudos que validem a interpretação científica dos mecanismos de funcionamento do cérebro e o que isso implica no modelo projetual que imprime relevância à pessoa, como se comporta e se relaciona com o ambiente.

Definida por Lori Crízel (2020), a Neuroarquitetura aplica-se à concepção de espaços que, por meio de inputs projetuais, instiga os campos sensoriais das pessoas que farão uso de tais ambientes, e assim, por meio do estímulo de diversos sentidos, deflagra uma dinâmica cognitiva, levando a pessoa a vivenciar uma experiência qualificada e positiva no ambiente proposto.

O lugar de "*QUEM*" habita

A relação do humano no espaço construído em que habita, permanece e mora remonta a caverna, abrigo, segurança, habitat, morada, refúgio, silêncio. Mas que lugar é esse? A habitação primária do ser humano é o mundo. O que lhe confere a instância de "ser e estar no mundo". No mundo, o homem constrói e se edifica. A casa em que se vive pressupõe traduzir um lugar, que toma a forma e dá forma ao morador, ocupando-o plenamente e, para tal, quanto mais próximo de um lugar singularizado, maior a impressão de memórias, sentimentos, sensações e percepções da pessoa em seu lugar. Um reconhecimento de si mesmo, traduzindo uma identidade. Ainda que simbólica, antes mesmo de ser habitada, no esboço de um projeto, já são atribuídos à casa de um projeto, já são atribuídos à casa valores e a concepção de ser um lugar feliz e que abrigue as atividades do cotidiano. Como, então, conduzir elementos propícios a criar uma emocionalidade positiva de bem-estar para a casa e quem a habita?

Quando James Hillman (1993) diz que "uma casa não é um lar", possivelmente esteja alertando que um projeto arquitetônico, por mais espetacular que seja, só tem significado se existir para quem nele irá viver. Um lar pede mais que uma construção habitada, mas sim que seja um palco da vida que se manifesta e não apenas um cenário repleto, porém, de todo vazio. O novo horizonte da Arquitetura convidou a Psicologia e a Neurociência para dar luz ao verdadeiro ponto central do espaço construído: a pessoa e, assim, entender como os espaços impactam as pessoas e como elas transformam tais espaços em "lugar". O espaço precede o lugar, transforma-se em lugar quando se define sua identidade e que significado lhe será atribuído. Christian Norberg-Schulz (1980), arquiteto e educador norueguês, afirma que o lugar é a concreta manifestação do habitar humano.

Segundo Aristóteles, citado por Furtado (2005), a "casa" é abrigo contra as forças adversas da natureza. A "casa" atualizada, gerada pela Neuroarquitetura, afasta-se de ser apenas um abrigo que protege da vulnerabilidade socioambiental, mas culmina ser uma experiência de vida, um palco especialmente criado, onde o protagonista, que é quem habita, vive atividades que incluem o repouso, a alimentação, o approach com a natureza, a percepção multissensorial, a integração social, o "em torno", a localidade, a territorialidade, a apropriação, o pertencimento e a sua identidade no lugar. A "casa" é o lar dos afetos, dos desafetos, do refúgio, do aconchego, do íntimo, da solidão, do convívio, das vozes, do silêncio, dos vínculos, das histórias da vida.

A casa faz parte da descrição de quem a habita, dando-lhe a presença que se traduz em "Eu sou" aquele que habita o lugar. Na relação pessoa-ambiente estabelece-se um vínculo do qual emergem comportamentos, hábitos e sentimentos. Alain de Botton (2008) comenta que "o equilíbrio que provamos na Arquitetura, e que sagramos com a palavra 'belo', alude a um estado que, num nível psicológico, podemos descrever como saúde mental ou felicidade". Se uma casa é um lugar agradável, ela é agradável segundo o ponto de vista de quem vive nela, pois está impregnada dos fatores individuais de quem habita, como a sua idade, seu senso estético, sua cultura, sua biografia, seus eventos traumáticos ou esfuziantes, seu pensamento padrão sobre conforto e segurança. Esse é um complexo determinante para a compreensão de que o bem-estar deva ser mesmo subjetivo. (RODRIGUES, 2013).

A "casa", enquanto espaço construído, também tem histórias para contar, suas dores, feridas, tratamentos e transformações. Juhani Uolevi Pallasmaa é um professor e arquiteto finlandês, que curiosamente habita o país considerado o mais feliz do mundo, por seis anos consecutivos, até 2023, segundo o relatório anual World Happiness Report. Pallasmaa (2008) afirmou que "a casa celebra o ato de habitar ao conectar-se de modo intencional com as realidades do mundo". É na casa que irão morar os corpos e as almas, as necessidades físicas do descanso, da alimentação, da higiene, mas também haverá de testemunhar e acomodar os sonhos, as memórias, os prazeres e desventuras e conclui que "habitar é parte de nosso próprio ser, de nossa identidade". O habitar é uma necessidade básica do ser humano, uma forma de alicerce para a escalada de conquistas para outros níveis de necessidades.

Habitar é mais que um verbo, é um conceito que sugere ocupação, morar, estar presente, achar-se, viver. Habitar um refúgio, não apenas para esconder-se, mas para sentir, ser e vivenciar e reunir seus significados na experiência de ser acolhido pelo lugar, a casa que habita. Para Günter (2004), "o ambiente residencial se constitui como território primário da construção de relações significativas", o que remonta à ideia de que uma relação saudável com o ambiente deva favorecer emoções e socializações positivas, bem-estar, uma melhor qualidade de vida. Só quando exploramos o quem compreenderemos o como vê o mundo. A casa habitada é uma casa viva, coberta de símbolos, como apontaria o renomado psicólogo Carl Jung, que emociona ao se emocionar, como a alma que habita o corpo, como o corpo que habita o mundo, a emoção na casa é como a alma que insufla o corpo, para dar-lhe vida.

A contribuição da Teoria do Bem-Estar

O que se entende por bem-estar passa a ser subjetivo, na medida em que é reconhecido como único e intransferível e isso evidencia a razão qualificada de um projeto arquitetônico pautado no humano. Um processo de escuta e empatia sobre as reflexões e sentimentos de quem habita, sobre seu lugar de morada.

Partindo dos estudos sob a perspectiva otimista da construção humana, Seligman divulga em 2011 sua teoria do bem-estar, com a publicação do livro Florescer, na qual ressalta que "bem-estar é um construto". Sendo o bem-estar composto por diversos elementos mensuráveis e cada elemento contribuinte para a sua formação, atua como alavanca para o florescimento humano. Para florescer, um indivíduo deve ser capaz de criar, usar a intuição, realizar conexões sociais, usar estratégias inteligentes para solucionar questões, conectar-se a tudo que o cerca, atender com resiliência, configurar padrões mentais, viver emoções positivas, expressar seus potenciais, alcançar seus objetivos (SELIGMAN, 2012).

Mas será o bem-estar percebido da mesma forma para todas as pessoas? Andréa Perez (2016), em sua obra "Psicologia Positiva: Teoria e Prática", descreve a contribuição de Ed Diener, psicólogo americano, reconhecido pesquisador da área, que deixou uma relevante resposta a esta pergunta desenvolvendo o que descreveu como bem-estar subjetivo, observando que "se trata, antes de qualquer atributo, de uma avaliação estritamente pessoal feita acerca dos afetos e da satisfação com a vida". Aos sentidos da Neuroarquitetura, o bem-estar subjetivo é um alerta ao fato de que é essencial que seja o cliente, o "quem" habita, que avalie o que lhe parece estar bem em um lugar e como este lugar irá lhe propiciar bem-estar e felicidade.

O bem-estar presume considerar a experiência individual e subjetiva, o que as pessoas pensam e como elas se sentem sobre suas vidas e sugere estar também determinado por traços de personalidade e diversos fatores biográficos, sociais, econômicos e culturais. Entenda-se aqui o motivo pelo qual o bem-estar subjetivo é também chamado de felicidade, como preconizam Diener e Seligman, pois está relacionada à maneira como vemos a nós mesmos e as outras pessoas, o que pode resultar em maior prazer em vivenciar as situações cotidianas. De acordo com Diener (2003), bem-estar subjetivo é o nome científico de como as pessoas avaliam suas vidas, destacando que "se trata de avaliações cognitivas e afetivas de alguém sobre a sua vida como um todo e essas avaliações incluem reações emocionais e eventos de julgamento cognitivo da satisfação e realização". Assim, o bem-estar subjetivo não é apenas a ausência de estados emocionais indesejáveis, mas também a presença de um número de emoções e estados cognitivos positivos. E, para tanto, conhecer-se e reconhecer-se.

Como identificar o "*QUEM*" que habita?

Fernandes, 2018, explana: "A conquista da percepção do emotionalset® atende ao autoconhecimento e à compreensão do self, engajado e maturado, disposto a ser amplificado e integrado". Qual, então, o primeiro passo para o desenrolar desse caminho junto ao cliente, o "quem", a pessoa?

Num primeiro momento é essencial adentrar ao seu espaço psíquico, via um briefing integrativo e direcionado que impele ao conhecimento mais profundo de quem é esse alguém e como o ambiente impacta seu comportamento, bem-estar e saúde.

O bem-estar subjetivo aplicado à Neuroarquitetura sugere diversos caminhos, sendo um deles a aplicação contextual do PERMA, criado por Seligman (2012): emoções positivas (Positive Emotions), engajamento (Engagement), relacionamentos positivos (Positive Relationships), sentido (Meaning) e realização (Accomplishment).

De tal modo, investigar:

- como o ambiente toma o sistema multissensorial de quem habita;
- que informações provenientes do ambiente produzem, consciente ou inconscientemente, o despertar de emoções;
- como um ambiente é capaz de propiciar momentos de imperturbável flow;
- como o lugar torna-se o cenário do encontro de pessoas e promove o convívio e as relações positivas, e
- quando um espaço se torna um lugar, quando faz sentido para quem nele habita, se realiza e dele usufrui de corpo e alma.

Um passo seguinte seria alinhado à ideia de um bem-estar subjetivo, seguir investigando a influência de diversos fatores intrínsecos como a personalidade do "quem": seus componentes genéticos, a sua história de vida, seus padrões de pensamento e configurações emocionais, o grau de motivação, os níveis de otimismo; a capacidade de lidar com desafios ou frustrações, suas tendências e crenças, componentes afetivos; resposta ao estresse, competências e recursos psicológicos como autonomia, autodeterminação, autocontrole, sentido e propósito de vida.

Somam-se a esses os fatores extrínsecos como: condições de qualidade de vida, níveis socioeconômico, educacional e cultural; relacionamentos afetivos e consciência ambiental.

O despertar na prática

Quando um cliente narra um sintoma, seja físico ou emocional, talvez esteja contando algo sobre o que sua casa também está tentando manifestar. Em vários casos, janelas que se mantêm fechadas e ambientes sem a entrada de luz natural remetem ao desejo de isolamento social e quadros depressivos. A exposição à luz natural favorece o ritmo circadiano e estimula emoções de um emotionalset ascendente, como alegria, entusiasmo, confiança, esperança e, em muitos exemplos, exercícios de "gratidão" como fator transformador de transtornos de humor. Algumas estratégias sobre relacionamentos e emoções positivas são utilizadas para resgatar a pessoa da penumbra. Casas repletas de memórias afetivas expressam um repertório de significados especiais advindos de histórias familiares e momentos a serem honrados. Ambientes com aromas específicos podem aumentar a sensorialidade e o grau de concentração, evidenciando o flow nas atividades. Clientes diagnosticados com transtorno obsessivo compulsivo podem se valer de ambientes biofílicos, que remetem à presença de elementos da natureza de forma simples, de organização facilitada. Ambientes de cores e nuances suaves acalmam as mentes mais aceleradas, como é o caso dos diagnósticos de transtorno do déficit de atenção e hiperatividade, assim como casas para pessoas idosas requerem cores vibrantes e pisos acessíveis para sua maior segurança. Ao citar estes exemplos, estamos falando de caminhos para um maior bem-estar e podemos ponderar que ainda assim é preciso investigar o quem, a pessoa, e oferecer-lhe alternativas personalizadas.

Concluindo...

Reunir a Psicologia e a Arquitetura é criar um caminho que permite, além de florescer no lugar construído e habitado, dar-lhe identidade. É um processo de realização, de irradiar num ambiente um sentido, um significado único. Na Arquitetura há espaços e reentrâncias não explícitas, porém aparentes tal e qual o comportamento humano. Reverenciar o quem, o onde e o como. A experiência da pessoa em seu lugar, no registro de memórias, nos comportamentos despertos, nas sensações e emoções percebidas. Por meio dessa sensibilidade na Neuroarquitetura é possível tocar a felicidade. A Psicologia e a Arquitetura são caminhos de construção, de edificação, de pessoas e de lugares, em direção a um expressivo e harmonioso propósito: estar bem, sentir-se bem, viver bem e ter bem-estar. E então, vamos emocionar sua casa?

Capítulo 4

Capital Humano Feminino

Andréa Perez

INSTAGRAM

Mestre em Sistemas de Gestão e Especialista em Psicologia Positiva, é Head do Instituto Felicidade Agora é Ciência – IFAC, docente em MBAs e Pós-Graduações em Psicologia Positiva, organizadora, revisora crítica e autora de obras em Psicologia Positiva na Editora Leader, Mentora, Palestrante TEDx e condutora de projetos de business e de ajuda humanitária.

www.felicidadeagoraeciencia.com.br

A desigualdade de gênero é pauta presente e impacta o acesso a oportunidades em todas as esferas sociais, econômicas, políticas e jurídicas. Essa desigualdade se exacerba em posturas de sexismo representadas por comportamentos discriminatórios que dificultam acesso a direitos e maximizam deveres injustos e por vezes cruéis.

É claro que o gênero feminino acaba por sofrer com a inequidade, em contraponto às vantagens, favorecimentos e condicionamentos ao público masculino em diversas instâncias em nossa sociedade patriarcal, não permitindo que o protagonismo feminino possa competir de igual para igual.

Contudo, e apesar de tudo, o que presenciamos é a força das mulheres, que não esmorecem diante de tantas adversidades e competições em situações tendenciosas ao favorecimento dos homens. O empoderamento feminino é exemplificado em histórias de conquistas, reconstruções humanas, debates bem alicerçados e atitudes de força, amparo e coragem.

Apoiando-se mutuamente, com sororidade sob uma irmandade apoiadora uma das outras, as mulheres vêm dando voz às suas angústias, indignações e contrapontos, fazendo-se mais presentes em diversas arenas da sociedade.

Como estudiosa da ciência da felicidade e mulher, busquei refletir e pensar sobre nós sob a ótica do que a Psicologia Positiva trata sobre a nossa configuração humana positiva, em suas capacidades individuais, geradoras de alinhamento com propósito, mas também num manuseio de aspectos que representam as mulheres em suas capacidades positivas que comungam de interseções.

Com isso, este capítulo traz uma configuração, em linhas gerais, da abordagem que denomino **Capital Humano Feminino** e, por conseguinte, de uma reflexão sobre os favorecimentos ao público feminino, com aplicação de propostas de *workshops* e mentorias, a fim de promover a identificação, o aproveitamento e o manuseio de aspectos positivos mais direcionados à concretização de objetivos, realização e bem-estar das mulheres.

Contexto Social Feminino

Sabemos que as mulheres são desfavorecidas em diversos domínios sociais e econômicos em todo o mundo. Por isso, a intenção aqui é apenas destacar alguns pontos que acabam gerando desdobramentos que fazem as mulheres se colocarem o tempo inteiro em movimento e luta, para conseguir emergir seus direitos tão manejados injustamente ao longo da história.

No Censo de 2022 do Instituto Brasileiro de Geografia e Estatística (IBGE), **a quantidade de mulheres foi registrada como superior à de homens em todas as regiões do Brasil.**[1] Segundo dados desse levantamento, temos uma população de 203.080.756 habitantes, sendo 51,5% mulheres e 48,5% de homens.

Somos a maioria. Mas será que isso tem nos favorecido? Definitivamente, a quantidade de mulheres não é fator determinante

---

[1] Fonte: CARDOSO, Rafael. Censo 2022: mulheres são maioria em todas as regiões pela primeira vez, Agência Brasil- 2023.

de vantagem diante de uma epidemia de machismo estrutural, *que nos torna minoria,* apesar de em número maior que o de homens. A sociedade alicerçada nessa epidemia, em muitos sentidos, coloca as mulheres em perigo, não apenas em sentido metafórico, mas real.

De acordo com o Anuário de Segurança Pública de 2023[2]:

- dos 74.930 casos de estupro no Brasil, 88,7% ocorre com o sexo feminino;
- houve aumento de 6,1% de feminicídios, e de 16,9% de tentativas de feminicídio.

Outra estatística curiosa: segundo dados do IBGE de 2022, **as mulheres são mais escolarizadas** que os homens, somando 21,3% com nível superior em comparação a homens, com 16,8%, na população de 25 anos ou mais.[3]

Na **produção acadêmica, também as mulheres se destacam em número**, mas não em vantagens. Segundo a Dra. Natascha Hoppen (UFRGS), hoje, as mulheres são cerca de 54% dos estudantes de doutorado no Brasil, porém, apesar dessa vantagem, isso não se reverte em concessão de bolsa de produtividade: as mulheres têm maior número de publicações, no entanto apenas 24% recebem a bolsa.

No **mercado de trabalho**, segundo o relatório Mulheres no Mercado de Trabalho: Desafios e Desigualdades, de 2024, os problemas da inserção da mulher no mercado de trabalho são: **taxas de desemprego mais altas, dificuldades de crescimento profissional, maior informalidade** e **menores salários,** mesmo já tendo para melhoria do último item a lei da igualdade salarial de 2023, que cria parâmetros para enfrentar a falta de isonomia de salário entre homens e mulheres. Segundo a Agência de Notícias

---

[2] Anuário Brasileiro de Segurança Pública / Fórum Brasileiro de Segurança Pública. – 1 (2006)- . – São Paulo: FBSP, 2023.

[3] DIAS, Pamela. Mulheres são mais escolarizadas que homens, mas brancas com ensino superior são o dobro de negras. Rio de Janeiro: O Globo, 2024.

da Indústria[4]: "o Fórum Econômico Mundial estima que serão necessários 131 anos para alcançar a igualdade entre homens e mulheres, se os países mantiverem a velocidade atual de progresso econômico, em saúde, educação e participação política".

Além do trabalho remunerado, as mulheres se desdobram ainda **em trabalhos domésticos,** como sabemos. No Brasil, em 2019, as mulheres dedicaram aos cuidados de pessoas ou afazeres domésticos quase o dobro de tempo que os homens: 21,4 horas semanais contra 11 horas, respectivamente.[5]

Esses são apenas alguns dados que retratam algumas desvantagens que as mulheres vivenciam diante de um cenário de favorecimento do público masculino em nossa sociedade, o que gera déficits significativos no bem-estar das mulheres, como veremos no item a seguir.

Estado Emocional Feminino

Só de pensar na rotina de multitarefas das mulheres já ficamos esgotadas, ainda mais quando temos que lidar com as desvantagens de um cenário, como vimos, que torna tudo mais difícil.

E como se isso não bastasse, somos cobradas e fazemos autocobranças para nos mantermos em equilíbrio, estarmos felizes e em dia com nossa autoimagem, termos serenidade e deixarmos de lado reclamações e desculpas. Com isso é claro que nossa saúde mental acaba ficando em frangalhos.

Segundo David Blanchflower e Alex Bryson[6], um estudo com dados de vários países ao longo do tempo mostrou que "as mulheres têm problemas de saúde mental piores que os dos homens nas equações de afeto negativo, independentemente da

---

[4] Agência de Notícias da Indústria- Paridade salarial entre mulheres e homens no Brasil aumentou nos últimos 10 anos, aponta CNI, 2024.
[5] https://agenciabrasil.ebc.com.br/economia/noticia/2021-03/estudo-revela-tamanho-da-desigualdade-de-genero-no-mercado-de-trabalho
[6] Blanchflower, David G.; Bryson, Alex The female happiness paradox. Journal of Population Economics, (2024) 37:16 https://doi.org/10.1007/s00148-024-00981-5

medida utilizada – ansiedade, depressão, medo, tristeza, solidão, raiva". Além disso, "as mulheres também estão menos satisfeitas com muitos aspectos das suas vidas, como a democracia, a economia, o estado da educação, e serviços de saúde". Os estudiosos acrescentam que elas também "estão menos satisfeitas em termos de paz e calma, alegria, sensação de atividade, vigor, frescor e descanso". E "o bem-estar das mulheres é muito mais volátil que o dos homens, embora pareça ter maior resiliência".

Segundo o Exemplars in Global Well-being[7], "a saúde e o bem-estar das mulheres ao longo da vida são influenciados por uma variedade de fatores, incluindo emprego formal e informal, educação e direitos legais". E ainda indicam que "as mulheres, em média, têm apenas três quartos dos direitos legais concedidos aos homens", sendo que "as disparidades mais persistentes permanecem nas áreas salarial e parentalidade".

Ao longo do tempo, a felicidade da mulher também se manifesta de formas distintas. Segundo Ed Diener, mulheres jovens são mais felizes que homens jovens, mas mulheres mais velhas são mais infelizes que homens mais velhos.

Pelo visto, é preciso estarmos preocupadas e atentas para promover a nossa saúde mental e felicidade como profissionais de Psicologia Positiva e por isso a minha proposta concentra-se no que indico como Capital Humano Feminino.

Capital Humano Feminino

O público feminino precisa de uma atenção mais focal no trato de ações que podem promover, por sua conta, em suas vidas, com vistas a favorecer a identificação, o aproveitamento e o manuseio de nossos aspectos positivos mais direcionados a concretização de objetivos, realização e bem-estar.

Os problemas de ordem estrutural que nós mulheres vivemos ainda, em uma sociedade enraizada num sistema social,

---

[7] https://www.exemplars.health/topics/womens-health-and-wellbeing

econômico e político machista, na misoginia, no feminicídio, no *gaslighting*[8], no *stalking*[9], assédio moral, entre outros, requerem um movimento e contribuição conjunta de várias arenas que incluem a sociedade civil, organismos reguladores, legisladores, judiciais, culturais, educacionais. Haja tempo!

Por isso, nós, atuantes na Profissão Felicidade, não podemos ficar sem dar atenção às mulheres, e a proposta do Capital Humano Feminino se alinha exatamente com este cuidado e empoderamento.

Marco Teórico

A classificação de seis Virtudes Humanas e 24 Forças de Caráter, considerada a espinha dorsal da Psicologia Positiva[10], alicerça toda a concepção do Capital Humano Feminino.

Neste ponto, cabe destacar que a proposta **não é defender que mulheres estejam contra ou sejam melhores ou mais privilegiadas que os homens, mas que vivam em equidade de direitos,** favorecendo uma vida em sociedade com mais paz, e,

---

[8] "O gaslighting se enquadra especificamente na categoria de violência psicológica, que é definida pela lei como qualquer conduta que cause dano emocional e diminuição da autoestima ou que prejudique e perturbe o pleno desenvolvimento da mulher. Isso pode incluir, por exemplo, humilhação, manipulação, chantagem emocional e outras formas de manipulação psicológica destinadas a fazer a vítima duvidar de sua sanidade ou percepção da realidade", comenta a defensoria pública. https://www.defensoria.es.def.br/gaslighting-uma-violencia-sutil/#:~:text=%E2%80%9CO%20gaslighting%20se%20enquadra%20especificamente,o%20pleno%20desenvolvimento%20da%20mulher.

[9] O stalking não distingue gênero, mas é inegável que as mulheres representam a maior parcela das vítimas. Em 2023, foram registradas 79,7 mil denúncias feitas por mulheres, uma média de 9 mulheres por hora buscando ajuda em delegacias contra essa invasão perturbadora de sua privacidade e liberdade. https://oantagonista.com.br/brasil/mulheres-sao-as-principais-vitimas-de-stalking-no-brasil/#:~:text=O%20stalking%20n%C3%A3o%20distingue%20g%C3%AAnero,de%20sua%20privacidade%20e%20liberdade.

[10] PETERSON, C. & SELIGMAN, M. E. P. Character Strengths and Virtues. A Handbook and Classification. New York: Oxford University Press, American Psychology Association, 2004. Para conhecer mais sobre o tema indicamos a leitura de Intervenções com Forças de Caráter, de Ryan Niemiec.

por isso, considerei as forças de caráter **que não negligenciam o outro e favorecem a harmonia da coletividade**. Portanto, destaco três indicações de relevância à abordagem:

1) O uso desse marco teórico se apoia no que aponta Neal Mayerson[11] quando nos convida a supor que os humanos sejam dotados e desenvolvam capacidades para perpetuar a espécie, destacando que essas **são capacidades que promovem o indivíduo sem diminuir o sucesso dos outros.**

2) A proposta do Capital Humano Feminino se apoia no que Mayerson chama de **Resposta das Forças de Caráter,** que descreve como as capacidades de resposta que as forças de caráter podem permitir, para ajudar-nos a cumprir a promessa humana de sobreviver, prosperar e criar com sucesso uma próxima geração, **para que os indivíduos e o coletivo prosperem enquanto vivem em equilíbrio harmonioso com outras espécies.**

3) A aplicação do *The Golden Mean of Character Strengths*, como sendo a combinação certa das forças de caráter, usadas para o grau certo e no contexto certo, **para um propósito que beneficie ambos, a si mesmo e aos outros.**[12]

Premissas para Concepção do Capital Humano Feminino

Primeiramente, é preciso esclarecer que a proposta aqui **não é defender ou identificar estereótipos de gênero feminino que acabam por cercear e encapsular as qualidades humanas das mulheres, colocando-as sem opções de liberdade para serem quem são e o que desejam ser.**

A proposta é respeitar, especialmente, as características singulares positivas que cada mulher apresenta como indivíduo,

---

[11] MAYERSON, N. H. The Character Strengths Response: An Urgent Call to Action. Frontiers in Psychology. Disponível em: https://doi.org/10.3389/fpsyg.2020.02106, 2020.
[12] NIEMIEC, R. M. Mindfulness & Character Strengths. Boston: Hogrefe, 2014.

construídas a partir de sua genética e influência do meio, destacando a importância de sua identificação e aplicação na vida, pois representam o ser humano que são.

Além disso, a proposta recorre à possibilidade de uso de outras qualidades humanas positivas, estatisticamente identificadas como presentes em mulheres, tomando como referência as respostas ao *assessment* VIA Survey, já respondido por mais de 30 milhões de pessoas no mundo na época de publicação desta obra, a fim de que, a fim de que possam ser utilizadas para ampliar seu leque de possibilidades de aplicação, por serem destacadas com maior incidência e familiaridade com o público feminino respondente.

Dessa forma, a proposta de composição do Capital Humano Feminino **não se baseia em construções ideológicas, históricas, sociais e políticas que enquadram e desenham um perfil feminino que tolhe as mulheres de suas possibilidades, de seu reconhecimento pessoal, criando barreiras a oportunidades para seu crescimento em diversos domínios da vida, e gerando crenças limitantes sobre o que podem ou não por conta de um perfil humano colocado como verdade, que desconsidera a subjetividade e ipseidade da mulher como indivíduo.**

Pelo contrário. A proposta é permitir um manuseio enriquecido de forças de caráter que possam, com suas interseções com outras mulheres, instrumentalizá-las a galgarem melhores patamares.

Para tanto, as premissas de concepção do Capital Humano Feminino se apoiam em alguns pontos:

1) temos todas as 24 forças de caráter;

2) as forças de caráter podem ser identificadas, resultando em um *ranking* pessoal;[13]

3) as forças de caráter mais intensas nas formas de pensar, sentir e se comportar são geradoras de bem-estar e de diversos outros benefícios aos indivíduos;[14]

---

[13] NIEMIEC, R. M. Character Strengths Interventions. A Field Guide for Practitioners. Boston: Hogrefe, 2018.
[14] Ibidem

4) as forças de caráter podem ser usadas de forma situacional de acordo com o que as circunstâncias podem requerer de comportamentos mais adequados;[15]

5) as forças de caráter podem ser potencializadas, colocando-se foco.[16]

6) as forças de caráter são plurais, permitindo mais de 5,1 milhão de combinações das 5 forças de caráter mais altas e mais de 600 sextilhões de combinações das 24 forças.[17]

7) pesquisa[18] de 620 participantes chegou a um quadro geral de que as mulheres são mais virtuosas que os homens, tendo níveis mais elevados em algumas forças.

8) algumas pesquisas têm revelado que várias forças de caráter têm maior incidência em mulheres que em homens e diversas estão positivamente relacionadas à feminilidade.[19,20,21,22]

---

[15] Ibidem

[16] Ibidem

[17] Ibidem

[18] HUSAIN, Waqar. Women are the Better Halves: Gender-based Variations in Virtues and Character Strengths, Journal of Human Values, 28(2) 103–114, 2022 © 2021 Management Centrefor Human Values

[19] Bruna, M. M. O., & Hernáez, V. C. (2015). Las fortalezas humanas desde la perspectiva de género: Un estudio exploratorio en población española. Revista Mexicana de Investigación en Psicología, 72-92.
Husain, W. (2021). Women are the better halves: gender-based variations in virtues and character
strengths. Journal of Human Values, 09716858211039984

[20] HEINTZ, S., KRAMM, C., & RUCH, W. A meta-analysis of gender differences in character Strengths and age, nation, and measure as moderators. The Journal of Positive Psychology, 14, 103–112. https://doi.org/10.1080/17439760.2017.1414297, 2019. O estudo examinou os resultados do VIA Survey de mais de 1 milhão de pessoas, abrangendo quatro países e vários grupos etários.

[21] BRDAR, I; ANIĆ, P.; RIJAVEC, M. Character Strengths and Well-Being: Are there Gender Differences? In: Brdar, I. (ed.), The Human Pursuit of Well-Being: A Cultural Approach.Dordrecht, NL: Springer, pp. 145-156., 2011.

[22] SHIMAI, Satoshi; OTAKE, Keiko; PARK, Nansook; PETERSON, Christopher; SELIGMAN, Martin E.P. Convergence of character strengths in american and japanese young adults. Journal of Happiness Studies (2006) 7:311322 Springer 2006.

Diante dessas premissas, o **Capital Humano Feminino** se concebe como **sendo as forças pessoais de cada mulher, ou seja, as cinco primeiras do** *ranking* **de seu resultado do** *assessment*, **entendendo-se que são consideradas como representativas da sua personalidade positiva,** e o grupo **de forças de caráter com índices mais elevados, com maior incidência em mulheres e as relacionadas à feminilidade, as quais podem ser mais potencializadas para uso em circunstâncias e no favorecimento de sua vida**.

- **FORÇAS COM ÍNDICES MAIS ELEVADOS EM MULHERES:** Amor ao Aprendizado, Inteligência Social, Liderança e Apreciação da Beleza e Excelência.

- **MAIS INCIDENTES EM MULHERES**: Amor, Bondade, Gratidão, Honestidade, Imparcialidade e Inteligência Social.

- **RELACIONADAS POSITIVAMENTE COM FEMINILIDADE E BENEFÍCIOS**: Amor, Amor ao Aprendizado, Apreciação da Beleza e da Excelência, Criatividade, Espiritualidade, Inteligência Social, Perdão e Vitalidade.

Estudos sobre as forças que compõem os três grupos acima sinalizam que quando utilizadas podem gerar inúmeros benefícios relacionados aos elementos (emoções positivas, engajamento, relacionamentos positivos, sentido e realização) que compõem a Teoria do Bem-estar de Martin Seligman, o que serve de sinalizador para quem atua ou deseja atuar com o público feminino.

O que fazer com o Capital Humano Feminino?

Conceitos são ótimos se colocados em prática, gerando benefícios aos indivíduos e à sociedade, pois reflexões abstratas sem concretude acabam não sendo úteis à área de desenvolvimento humano, que tem como premissa a melhoria da vida das pessoas.

Diante disso, concebi o conceito do Capital Humano Feminino, tendo a convicção de que pode produzir benefícios, se contemplado em processos de *workshops*, mentorias, atendimentos individuais de desenvolvimento humano, vivências, imersões com mulheres que desejam ampliar suas possibilidades de uma vida mais valorosa.

Diante disso, hipotiso que alguns benefícios justificam a utilização do Capital Humano Feminino em iniciativas com mulheres:

1) Melhoria de autoestima

2) Aumento de sua força coletiva

3) Valorização de suas qualidades

4) Incremento da sororidade

5) Geração de espírito reivindicatório

6) Empoderamento

7) Ações intencionais de melhoria

8) Melhoria da autoconfiança

9) Enfrentamento de injustiças

10) Aumento de autoeficácia em desafios

11) Autorreconhecimento de potencialidades

12) Uso e disseminação do Capital Humano Feminino de outras mulheres

13) Aumento de coragem diante de desafios

14) Produção de resiliência em adversidades

15) Realizações de objetivos e sonhos

Conclusão

Há milhares de anos, as mulheres vêm sendo colocadas à mercê de ideologias diante de interesses patriarcais que nos submetem ainda a posições desfavoráveis, desvantajosas, injustas, inconcebíveis e desumanas.

Implantar ações de equidade social em todos os domínios da vida das mulheres perante o que é ofertado de forma estrutural e objetiva aos homens é uma dívida da sociedade do Século XXI. Contudo, sabemos que ainda teremos muito tempo pela frente para desbancar concepções, dogmas, crenças, legislações vantajosas ao público masculino.

Por isso, nutrir as mulheres com o que as faz especiais, empoderadas e dignas de merecimento é uma trajetória que pode auxiliar cada uma de nós a galgar novos patamares de conquistas e ajudar aquelas que podemos tocar e transformar com nossa palavra, apoio e ação.

Que o Capital Humano Feminino possa ser o impulso que faltava para uma vida melhor, mais feliz e de paz para as mulheres!

Capítulo 5

Florescer Vidas

Eveline Cerqueira de Carvalho

INSTAGRAM

Entusiasta, mãe, mulher e apreciadora da Arte de Bem Viver!

Psicóloga pela UFJF, especialista em Terapia Cognitivo Comportamental pela PUCPR e Artmed. Especialista em Arte e Educação (UFJF). Positive Practitioner & Trainer e Strengths Mentor pelo Instituto Felicidade Agora é Ciência. Terapeuta Comunitária Integrativa (TCI) e dinamizadora de Técnicas de Resgate da Autoestima pelo Instituto Caifcom. Dinamizadora de Yoga do Riso.

Psicóloga no CEAM – Centro Especializado de Atendimento à Mulher. Experiência no atendimento psicológico no SUS integrando a equipe do NASF e atendimento aos familiares TEA na Casa do Autista. Palestrante e dinamizadora de treinamentos e *workshops*.

Diferentes dimensões da violência estiveram sempre presentes na vida de milhões de mulheres em todo o mundo e ao longo da história. Vidas que foram marcadas pelo abuso, tortura, perseguição, submissão, humilhação, assédio, estupro, coerção, violação de direitos e intenso sofrimento. As mulheres em situação de violência acabam por trilhar um caminho solitário e, muitas vezes, desintegrador da própria identidade.

Globalmente, uma em cada três mulheres sofre violência física e/ou sexual durante a sua vida (ONU, 2019). No Brasil, mais de 50 mil mulheres sofreram, diariamente durante o ano de 2022, formas combinadas de agressão ou algum tipo de violência, quer seja ela física, psicológica, sexual, patrimonial ou moral, por parte de parceiros, ex-parceiros, familiares ou desconhecidos, de acordo com pesquisa do Instituto DataFolha (FBSP, 2023). Os números ainda alarmantes da violência contra a mulher no país indicam a necessidade de maior investimento em políticas públicas de enfrentamento à violência, bem como apontam para a importância da ampliação do debate sobre a construção social do masculino e do feminino e das relações de poder que se estabelecem nesta dinâmica.

A partir de meados de 2021 tive a oportunidade de acompanhar mais de perto o universo da violência doméstica ao integrar, como psicóloga, a equipe do CEAM Três Rios – Centro Especializado de Atendimento à Mulher, uma iniciativa da Secretaria de Assistência Social e Direitos Humanos em parceria com o Governo do Estado do Rio de Janeiro. Nesse espaço de acolhimento, as mulheres chegam em condições diversas de vulnerabilidade social e financeira, de adoecimento físico e mental e necessitadas de orientação jurídica. Os centros especializados têm como objetivo "promover a ruptura da situação de violência e a construção da cidadania por meio de ações globais e de atendimento interdisciplinar (psicológico, social, jurídico, de orientação e informação) à mulher em situação de violência" (Brasil, 2006, p.11).

Nessa experiência transformadora, uma reflexão se fez muito presente: como vislumbrar e garantir o direito ao desenvolvimento pleno e saudável dessas mulheres já que a violência "ataca pela raiz" boa parte dos elementos que geram saúde e bem-estar? A partir dessa e de outras inquietações eu tenho realizado o atendimento psicológico e dinamizado o grupo "Florescer Vidas" em parceria com a equipe.

Neste capítulo serão apresentadas: reflexões sobre gênero e desigualdade; as estatísticas mais recentes sobre a violência contra a mulher; as consequências na saúde; a importância do atendimento interdisciplinar com foco no acompanhamento psicológico, e, ainda, as contribuições da Psicologia Positiva no processo de atendimento e florescimento.

Gênero e Desigualdade

O Brasil está marcado, estruturalmente, pela desigualdade, quer seja no campo social, político, étnico, econômico ou na perspectiva de gênero (Medeiros, 2018, p.11). O gênero "determina o que é esperado, permitido e valorizado em uma mulher ou em um homem em um determinado contexto" (Machado, 2016, p.17).

A desigualdade de gênero apresenta-se nas assimetrias das relações e papéis desempenhados entre homens e mulheres tendo como base a construção hierárquica de poder que se expressa nas diferenças de oportunidades, de responsabilidades, de acesso aos espaços e recursos e nas tomadas de decisões - inclusive sobre o próprio corpo (Sassi, 2021). Nesse sentido, a mulher, culturalmente, acaba por ocupar uma posição de submissão ou subalternidade na organização da vida social. Vale ressaltar que, para melhor compreensão desse conceito, é importante incluir o de interseccionalidade, ou seja, a existência de sobreposições de opressões. Assim, a partir da articulação de marcadores sociais como raça, classe, gênero, sexualidade, identidade de gênero, nacionalidade, religião, entre outros, ocorrem formas específicas de discriminações e violências (Silva e Habkouk - org., 2023).

Dentre as várias expressões da desigualdade de gênero, encontramos na violência a sua forma mais atroz por constituir um modo de violação dos direitos humanos, por ser capaz de acarretar problemas sociais, sofrimento intenso, adoecimento físico e psicológico, além da possibilidade de a mulher vir a óbito.

Violência contra a mulher no Brasil

O Brasil enfrenta o desafio de alterar a condição de estar entre os cinco países com maior taxa de feminicídio, segundo a Organização Mundial de Saúde – OMS (Waiselfisz, 2015). De acordo com o 17º Anuário Brasileiro de Segurança Pública, todas as formas de violência contra a mulher cresceram no Brasil em 2022 (Bueno *et al.*, 2023). O quantitativo revelou uma média de 18,6 milhões de mulheres no país que foram vítimas de algum tipo de violência ou agressão (FBSP; Instituto DataFolha, 2023, p. 23). Estima-se que 60% das mulheres têm filhos, o que significa que essas crianças e adolescentes estão expostos a ambientes de grande tensão e violência doméstica (FBSP, 2021).

De acordo ainda com o Anuário de Segurança Pública de 2023, as estatísticas revelam ainda um aumento de 6,1% no índice de feminicídio em relação ao ano anterior – 2021, retratando a morte de 1.437 mulheres. Entre essas vítimas de feminicídio em 2022, têm-se que 61,1% eram negras e 38,4% eram brancas; fato que nos faz ter um olhar sob o prisma de gênero e raça/etnia e os efeitos do racismo. Além disso, índices preocupantes coletados pelo Laboratório de Estudos de Feminicídios (Lesfem, 2023) constataram que de janeiro a novembro de 2023 ocorreram 1.491 casos consumados e 810 tentativas de feminicídio. Ademais, em relação aos casos de estupro, o Instituto de Pesquisa Econômica Aplicada (IPEA, 2023) estima que ocorram, por ano, 822 mil casos no Brasil, sendo as mulheres 80% das vítimas. Importante destacar que todos esses dados não são absolutos, já que as subnotificações são elevadas.

As marcas da violência

A violência contra as mulheres é considerada pela OMS um problema de saúde pública e uma epidemia mundial. Estudos variados evidenciam que as experiências de violência ocasionam consequências físicas, psicológicas e sociais a curto e/ou a longo prazo. Embora haja a noção clara de que "cada caso é um caso", as mulheres em situação de violência podem apresentar os seguintes sintomas, comportamentos ou transtornos (OMS, 2015; Netto et al., 2014; Mota e Silva, 2019; Kolk, 2020):

- transtorno de estresse pós-traumático: constante estado de alerta, *flashbacks*, pesadelos, insônia, medo, irritabilidade, agressividade, paralisia emocional, sentimento de culpa, dificuldade de concentração e de organização do pensamento e falhas de memória;
- depressão, transtorno de ansiedade, síndrome do pânico, fobias, comportamentos autolesivos, ideação suicida e tentativa de autoextermínio;
- insegurança, impotência, autopercepção de inutilidade, baixa autoestima, desvalorização de si mesma, sensação de incompetência;

- dificuldades de interação social, de iniciarem ou manterem novos relacionamentos e de permanecerem em seus postos de trabalho (absenteísmo), consumo excessivo de álcool, tabaco e outras drogas;
- problemas de saúde em geral: dores de cabeça, fibromialgia, problemas cardiovasculares, gastrite, pressão alta, lesões leves e graves, fraturas, queimaduras, doenças sexualmente transmissíveis e gravidez de risco.

Perante as marcas profundas causadas pela violência, é inegável a necessidade da psicoterapia para a melhoria do sofrimento psicológico.

O CEAM, portanto, tem cumprido essa importante missão de promover a superação do horror por meio do cuidado, do empoderamento e do trabalho psicoemocional, psicossocial e jurídico. No entanto, é necessário ter em atenção que o atendimento psicológico, por si só, não é suficiente para retirar as mulheres da situação de violência ou da vulnerabilidade em que se encontram. A maioria delas tem grandes questões a serem resolvidas em relação ao divórcio, guarda de filhos, pedido de medida protetiva de urgência, local de moradia, falta de emprego e de recursos financeiros, entre outras necessidades. Diante dessa realidade faz-se imprescindível o atendimento multidisciplinar de forma a propiciar a elas a possibilidade de cuidar de si, ao mesmo tempo que têm a certeza de que os aspectos práticos da vida estão sendo resolvidos. Nesse movimento de equipe bem orquestrado é que o atendimento psicológico encontra um campo de ação mais favorável e efetivo e os resultados positivos aparecem.

Apoio Psicológico e a contribuição da Psicologia Positiva

Os atendimentos psicológicos são realizados na modalidade de atendimento individual e em grupo. O meu trabalho é pautado na Terapia Cognitivo-Comportamental e do Esquema, Terapia Comunitária Integrativa, Psicoterapia e Psicologia Positiva.

O Grupo **Florescer Vidas** tem como objetivo estimular o resgate da autoestima e do potencial criativo da mulher; partilhar estratégias de resiliência; gestão emocional e controle do *stress*; ressignificar o sofrimento e potencializar as alegrias do cotidiano; oferecer espaço de integração e vínculo saudável entre as participantes e fomentar o questionamento das relações de gênero.

A metodologia centra-se na troca participativa de saberes no estilo "roda de conversa" e utiliza mediadores como: música, poemas, contos e histórias, vivências, dança e *mindfulness*. Os temas são variados, incluindo, por exemplo, autoconhecimento e autoconfiança, autocompaixão, resiliência, cuidados com a saúde, projetos de vida, entre outros.

Relatei no início deste capítulo que uma das minhas indagações era "como conseguir realmente promover o florescimento dessas mulheres, já que a violência interfere em todos os elementos que geram bem-estar?" Nesse sentido, tomo como referência a Teoria do Bem-Estar de Martin Seligmam, o criador do movimento da Psicologia Positiva. Essa teoria preconiza que o florescimento humano acontece no desenvolvimento de cinco componentes cientificamente mensuráveis e manejáveis apresentados a seguir: **emoções positivas** (*positive emptions*); **engajamento** (*engagement*); **significado** (*meaning*); **realizações** (*accomplishment*) e **relacionamentos positivos** (*relationships*). Ficou demonstrado que a melhoria desses elementos está associada a taxas mais baixas de sofrimento e mais altas de satisfação com a vida (Seligman, 2011).

Pensar no desenvolvimento do primeiro elemento, **emoções positivas,** pode causar certo sobressalto ao leitor, já que é possível compreender claramente como a violência causa sofrimento e interfere na capacidade de experimentar emoções positivas como contentamento, alegria, felicidade e satisfação. No entanto, o cultivo das emoções positivas, nesse contexto, está relacionado à perspectiva de futuro: esperança, otimismo, confiança em si e na equipe e a conquista de mais serenidade por meio da atenção plena/*mindfulness* e exercícios de relaxamento. O foco do trabalho psicoterápico, portanto, é o de acolher o sofrimento, oferecer suporte, identificar crenças e emoções, promover o autoconhecimento e a identificação das qualidades humanas positivas[1] (ou forças pessoais) e esclarecer sobre os ciclos da violência[2]. Além disso, a participação no grupo contribui não só para o aumento das emoções positivas quanto para o desenvolvimento de todos os outros aspectos da teoria. Assim, ao longo de todo o processo as mulheres vão recuperando, aos poucos, a alegria de viver.

O elemento **engajamento** (*flow*) refere-se ao estado de concentração e prazer experimentado pela pessoa ao utilizar as próprias qualidades humanas positivas ou em realizar uma tarefa relevante para ela. Já o **significado** consiste em ter uma "vida significativa" ao usar as forças pessoais para pertencer ou servir a algo "maior" ou a um objetivo maior se conectando, por exemplo, a um propósito de vida, quer seja familiar, na área científica, filosófica ou religiosa. De acordo com Rashid e Seligman (2019), ter um propósito é um fator de proteção contra a desesperança e a falta de controle e ajuda no enfrentamento das adversidades. O elemento **realizações** se atém à busca do progresso e crescimento pessoal e ao sentimento profundo de satisfação e sucesso ao atingir um objetivo ou ao conquistar algo desejado (Seligman, 2011).

Pode-se constatar que todos os três elementos são afetados negativamente pela violência. Parte das mulheres em relacionamentos tóxicos deixa de viver a sua própria vida e se sente frustrada: algumas são impedidas de trabalhar, estudar, de fazerem o que gostam e, até mesmo, de frequentarem os núcleos religiosos. Desencantam-se com a vida e acabam por acreditar que o propósito delas é aguentar a violência. Ao serem acompa-

---

[1] Christopher Peterson e Martin Seligman realizaram ampla pesquisa e catalogaram seis virtudes e 24 forças de caráter/assinatura/pessoais. Elas são qualidades humanas ou características positivas e cada indivíduo possui o seu repertório. (NAPOLITANO, 2016, p. 184).

[2] Alternância entre as fases de tensão, explosão e a fase da lua de mel e encerramento dos ciclos.

nhadas pelos profissionais passam a estabelecer novos propósitos e projetos de vida por meio da psicoterapia e do incentivo à inserção no mercado de trabalho e em cursos de qualificação. São convidadas a descobrirem suas atividades de ***flow*** e a se engajarem em atividades de lazer, artísticas, religiosas/espirituais, de exercícios físicos, entre outros.

O último elemento, **relacionamentos positivos,** concerne à qualidade das nossas relações e ao quanto o ser humano tem "necessidade de pertencer" para obter uma sensação de segurança e bem-estar (Rashid e Seligman, 2019). Em um relacionamento no qual a violência impere, uma das primeiras ações do companheiro é afastar a mulher de toda a sua rede de apoio, inclusive familiar e de amizades. Estando cada vez mais sozinha fica restrita a um leque pequeno ou inexistente de ajuda e soluções. Ao se libertar desse contexto, a mulher passa a refazer seus vínculos afetivos, a se integrar em novos grupos sociais, a reaprender a dar e a receber amor.

Nesse trabalho, o potencial de enfrentamento e resiliência de cada mulher é ativado com o resgate do seu "colete salva-vidas", ou seja, da identificação de suas qualidades humanas, quer seja de uma forma mais simplificada durante as sessões ou por meio do teste VIA Survey. O suporte da equipe como um todo também desenvolve e corrobora as seguintes forças: coragem, perspectiva, esperança e amor. Coragem para quebrar o ciclo da violência; novas informações e soluções para gerir a vida; crença de que a ação em busca dos novos objetivos terá êxito, e o cultivo do amor-próprio.

Por fim, o compromisso em Florescer Vidas é constante e baseado na evidência de que é possível desenvolver o crescimento pós-traumático, minimizar e aliviar o sofrimento e, principalmente, contribuir para a construção do bem-estar!

"Tentaram nos enterrar, mas não sabiam que éramos sementes."

(Provérbio Mexicano)

Capítulo 6

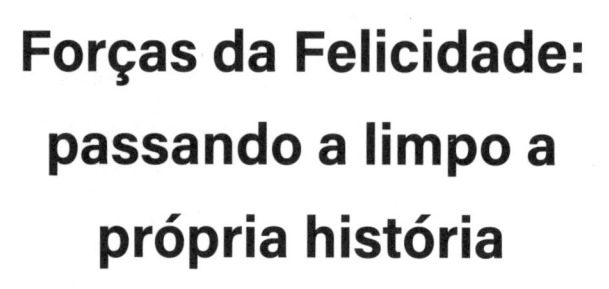

Forças da Felicidade: passando a limpo a própria história

Rossana Jost

Doutora em Administração de Empresas (Universidade Positivo-PR). Mestre em Organizações e Desenvolvimento (FAE Centro Universitário-PR). Especialista em Psicologia do Trabalho (UFPR) e Psicologia Positiva (PUCRS). Certificação em Strengths, Happiness, Intervention Mentor e Condução de Florescimento Humano (IFAC). Publicações: Acosso Laboral - uma realidade velada (Instituto de Filosofia, 2009); Dimensão ideológica da emoção na gestão de vendedoras de cosméticos em uma empresa multinacional (2017); coautora: Assédio Moral no trabalho: uma patologia da solidão usada como estratégia de gestão (2011); A Subjetividade do trabalhador nos diferentes modelos de gestão (2014). Docente e conteudista EaD nas áreas de Desenvolvimento Pessoal e Profissional e Psicologia Institucional e do Trabalho.

Conheci o tema felicidade enquanto ciência quando eu atravessava uma fase muito difícil, com perdas e danos significativos. Apropriava-me desse construto em meio a uma realidade desalinhada da teoria. Libertar-me desse ciclo maldito foi uma grande vitória pessoal e que devo não só à apreensão teórica e metodológica da abordagem da Psicologia Positiva, mas ao esforço para legitimá-la em minha vida. É sobre isso que trato neste capítulo.

Um pouco da minha história

Nasci e cresci em Porto Alegre, no Rio Grande do Sul, uma infância com pai ausente, um homem que, sucumbindo ao alcoolismo, renasceu das cinzas – sozinho -, não apenas vencendo o vício, como também ajudando outras pessoas que, como ele, foram "suprimidas" da existência, como uma das consequências de sua compulsão.

Eu me casei relativamente jovem. Honestamente, esse casamento mais parecia uma armadilha do que propriamente a realização de um sonho. O fato é que eu me via num limbo, muito aquém daquilo que eu julgava merecer e muito além daquilo que eu tinha para oferecer. Novamente, eu enfrentava um ambiente deletério, de vícios, de grosserias, de desamor. Tive um filho e com ele também nascia a preocupação natural com o seu crescimento sadio. A história da minha infância se repetiria, não fosse a tomada de consciência dessa reprodução de padrões e o esforço para romper definitivamente aquele jogo no qual todos saíram perdedores. Assim como meu pai, eu também estava sozinha e aquela decisão nos marcaria para o resto de nossas vidas.

Afastei-me de meu marido mudando, juntamente com meu filho, para outro estado, onde consegui estruturar-me profissionalmente, fazendo o que sempre gostei: estudar. Concluí um mestrado e um doutorado, construindo pontes para a docência, meu meio de vida por um longo tempo.

As rasteiras da vida geralmente chegam sem avisar e comigo não foi diferente, atingindo-me em cheio pelo lado mais vulnerável: o relacionamento com meu filho, agora um homem. Vivi uma espécie de luto atípico, materializado no rompimento de um vínculo que eu julgava ser indestrutível. Más influências promovem más decisões e quem pagou essa conta fui eu. Ele sucumbiu ao novo, ao juvenil, à sedução, valências interessantes para um jovem, deslumbrado com novas possibilidades de viver sua fase. Agora, foi ele quem embarcou em uma armadilha e eu nada pude fazer, a não ser consolar meu coração de mãe.

Anos mais tarde, a doença terminal de meu marido: um câncer de pulmão agressivo se apossava de um corpo com (velhos) hábitos nocivos, subtraindo-o de sua terra, de seu trabalho, de seus amigos. Trouxe-o para perto de mim, e comigo passou seus últimos anos.

Eu seria hipócrita se minimizasse o custo emocional dessa iniciativa, um compromisso que firmei, acima de tudo, com Deus. Foram incontáveis episódios médicos, efetivados na rotina de hospitais, clínicas, exames e procedimentos, entre eles as atrozes quimio e radioterapia. Ironicamente, estávamos lado a lado novamente, (re)formulando nosso modelo de casal e de família, agora sob a égide de uma doença implacável e que avançava a cada ano.

Meu ritmo de trabalho sempre foi frenético, pois a docência esconde uma gama de atividades que, comumente, ninguém considera. É como se elas não existissem, ainda que representem longas horas trabalhadas e não contabilizadas. Nos últimos anos, foi adicionada uma vigília de 24 horas, com emergências cada vez mais frequentes.

Perdi a paz para trabalhar, o que resultou obviamente na queda de meu desempenho profissional. Tinha lapsos de memória constantes, crises de ansiedade e falta de energia vital para realizar até as menores atividades. Quando alguns acidentes começaram a acontecer (felizmente com danos somente materiais), entendi que precisava de ajuda médica e foi o momento em que recebi o diagnóstico de *burnout*.

Para a Psicologia Positiva, o *burnout* representa exaustão, prejuízo cognitivo emocional e distanciamento mental, explica Wilmar Schaufeli (2018). No contraponto do *burnout*, o *engajamento* – ou seja, vigor, dedicação e concentração – não fazia mais parte da profissional que eu me tornei. Se o diagnóstico foi simples, seguramente não o foi acabar com os fatores estressores, que formavam um *looping* miserável do qual eu não conseguia sair.

Depois de uma luta de quatro anos contra o câncer, meu marido veio a falecer. E, poucos dias após sua partida, minha mãe, agora idosa, veio morar comigo, decisão acertada em tempos de luto e sem grandes ponderações. Agora, era a "sua vez" de ser cuidada. Em uma época de isolamento social proveniente do pico da pandemia de Covid-19, eu me via em um novo arranjo doméstico tão esgotante (ou mais) quanto o de antes. Minha exaustão já ultrapassava o limite do insuportável. Acompanhamento neurológico e três tipos de medicação antidepressiva ajudavam-me a vivenciar um dia de cada vez.

Alain Ehrenberg, sociólogo francês, na obra *O culto da performance*, aborda o consumo cada vez mais crescente de psicotrópicos, comentando sobre as drogas de "antigamente", que permitiam ao indivíduo fugir para um mundo irreal, sair de sua realidade. Hoje, o indivíduo se dopa para justamente suportar e se ajustar à realidade, para *funcionar* (EHRENBERG, 2010). Sim, eu precisava *funcionar* e a medicação não era uma opção.

Foi assim que iniciei meus estudos na Psicologia Positiva – PP. Embora me sentisse presa às adversidades, eu me desafiava a tirar lições pessoais de cada leitura, sobretudo as aplicações práticas da PP. No fundo, eu tinha esperança da sua aplicabilidade naquele momento de minha vida, um genuíno cotidiano de risco.

Eis a porta de entrada através da qual descobri novas perspectivas sobre o "viver"; eu não só consegui concluir o curso, como me reconstruí psicologicamente, cunhando-me um ser humano mais forte no combate e mais suave na essência.

A virada

Dentro da riqueza teórica da abordagem da PP, identifiquei-me de imediato com a temática da felicidade. Faltava-me, então, encontrar um conceito que tivesse mais aderência comigo. Descobri em Sonya Lyubomirsky (2007) o meu ponto de partida para o processo, ou seja, a felicidade entendida como uma experiência de contentamento e bem-estar com a situação presente de vida, quando percebemos que ela tem sentido e vale a pena ser vivida. Decididamente, eu precisava virar a chave, mudar meu padrão de pensamento. Confesso que, por vezes, duvidava de tudo isso, tão distante de minha realidade e não poucas vezes via-me travando uma luta contra o ceticismo natural do meu perfil. Entretanto, minha determinação para encontrar a ponta deste perverso novelo que se tornou minha vida era maior do que qualquer descrença eventual.

Martin Seligman (2019a; 2019b) amadureceu o conceito de felicidade propondo a Teoria do Bem-Estar, que passou a ser o tema central da Psicologia Positiva e cujo critério de mensuração é o florescimento humano, essencialmente um processo de mudança. Florescemos quando superamos nossos medos, quando transpomos barreiras, quando limpamos as couraças, quando conseguimos sair de um estado de recolhimento, tal qual uma semente que ainda não germinou, para um estado de confiança em si e na vida. Era isso! Eu precisava passar pelo processo de florescimento! Mas, para tanto, eu deveria tomar consciência das minhas características positivas.

Forças de caráter, para que as quero?

As forças de caráter, segundo a PP, representam o que há de melhor em um indivíduo, suas qualidades que impactam as formas de pensar, sentir e se comportar[1]. Eu realmente acreditava que minhas fortalezas pudessem ser a saída para a grande virada que eu estava prestes a realizar.

Podemos conhecer nossas forças pessoais, por meio do teste VIA (*VIA SURVEY*)[2], um *assessment* que organiza tais forças por ordem de intensidade (da mais intensa para a menos).

Usar nossas forças pode nos impelir a viver a nossa melhor versão e eu estava realmente empenhada nessa transformação. Por essa razão, busquei extrair um diagnóstico mais profundo do *VIA Survey*, conhecido como VIA TOTAL 24[3], um relatório com informações inspiradoras para o delineamento do meu processo de florescimento.

Com um conceito de **felicidade** em mente e minhas **forças pessoais** sinalizadas, era momento de entender as **"forças da felicidade"** que o relatório apresentava, segundo Ryan Niemiec (2019, p.57), bem como pareá-las com as minhas forças de assi-

---

[1] Fonte: VIA TOTAL 24 – Character Strengths Report, disponível em: https://www.viacharacter.org/reports/total-24?source=main-cs-page. Acesso em: set. 2023.
[2] Disponível em: https://www.viacharacter.org/survey/surveys/takesurvey. Acesso em: set. 2023.
[3] VIA TOTAL 24 – Character Strengths Report, disponível em: https://www.viacharacter.org/reports/total-24?source=main-cs-page. Acesso em: set. 2023.

natura (entre outras). São elas: amor, gratidão, curiosidade, esperança e vitalidade[4].

Mãos à obra! - "O meu coração me diz, fundamental é ser feliz!"[5]

Chegou o momento de "trabalhar", ou seja, impulsionar pelo menos algumas das forças da felicidade, a partir da utilização das minhas próprias forças pessoais. Tarefa inicialmente muito difícil, mas que, ao longo do tempo, não só consegui executar como estabelecê-la como rotina. Para tanto, dividi o processo em algumas etapas, não necessariamente sequenciais, as quais podem ser utilizadas por você que deseja produzir mais florescimento em sua vida com a Psicologia Positiva.

Etapa 1 - Retorno à origem

A **etapa 1** envolveu decisões de grande calibre, como retornar à minha terra natal, em meio a riscos, como readaptação e falta de trabalho. Com uma preparação prévia psicológica e prática de seis meses, caminhão da mudança a postos, minha "velhinha" instalada no carro, saí do prédio pela última vez, sem olhar para trás.

Voltar significou entrar em contato com minhas raízes, por tanto tempo esquecidas, o que representou reabastecimento da minha energia **vital**. Quando entramos no Rio Grande do Sul, comecei a cantarolar um sucesso do saudoso Leopoldo Rassier[6],

---

[4] O relatório VIA TOTAL apresenta as forças da felicidade: (i) amor (construir relações saudáveis, dar e receber); (ii) gratidão (foco fora de nós, conexão com outras pessoas, construção de relacionamentos positivos e transformação dos pensamentos e sentimentos); (iii) curiosidade (procura pelo novo, pelo diferente, por desenvolvimento pessoal e maior bem-estar); (iv) esperança (confiança e motivação para o curso da vida, ainda que em meio a "tempestades"); e (v) vitalidade (níveis de energia elevados, entusiasmo com o que se tem, hoje).

[5] Trecho da canção "O princípio do prazer" de Geraldo Azevedo, interpretada por ele, juntamente com Elba e Zé Ramalho. Disponível em: https://www.youtube.com/watch?v=LgsqqoK-Mt8. Acesso em: set. 2023.

[6] Trecho da canção "Não Podemos Se Entregá Pros Home", de Leopoldo Rassier, disponível em: https://www.youtube.com/watch?v=t11wf6h1tEs&t=174s. Acesso em: set. 2023.

"não tá morto quem luta e quem peleia", sentindo-me verdadeiramente de volta à pista da vida, pronta para lutar. Era a *esperança* fluindo em minhas veias.

Com você, talvez o retorno às origens seja feito de outra forma, pois a subjetividade permeia a construção do florescimento.

Etapa 2 – (Re) Construindo Relacionamentos Positivos

A **etapa 2** foi a fase da construção e manutenção de relacionamentos positivos, sobretudo estreitar laços com minha família, velhos amigos e me abrir aos novos. Encontros periódicos passaram a fazer parte de minha rotina, seja um churrasco ou uma simples roda de chimarrão, momentos de celebração que nutrem ainda mais quem deles faz parte.

De uma vida solitária, impregnada de obrigações, abusos e exaustão, passei a colecionar deliciosos momentos de regozijo e solidariedade, o que me colocou em posição de cura. Aquela mala repleta de melancolia, revolta e desesperança foi substituída pela alegria do "estar junto", reerguendo-me como ser humano. Sinto-me querida e cuidada por pessoas que se firmam em minha vida tal qual sementes que germinaram: *"ninguém larga a mão de ninguém"* é o nosso mantra. Hoje, permito-me ter tempo para as pessoas, organizando-o na agenda, como forma de fazê-lo acontecer.

É fato: os relacionamentos positivos são o elemento de florescimento que mais eleva o nosso bem-estar. Que tal favorecer os seus, reforçando-os ou mesmo criando novos?

Etapa 3 – Calibrando Emoções Positivas

A **etapa 3** mostrou a urgência de eu inserir em grande escala emoções positivas em minha vida. Para Bárbara Fredrickson (2009), as emoções positivas são responsáveis por expandir nosso coração e mente, dando-nos maior clareza mental, fluidez no pensamento e liberdade às ideias, aumentando nossa visão de mundo e facilitando a resolução de problemas.

Ciente disso, estabeleci uma espécie de agenda de situações cotidianas especiais e aqui descrevo a maior delas: a proximidade com a natureza. Descobri que preciso visceralmente do "verde" no dia a dia e essa necessidade me levou a morar em um condomínio que dispunha de um lindo jardim, onde aprendi a apreciar flores e plantas nunca dantes sequer percebidas. Hoje, busco essa natureza diariamente, a pretexto de qualquer atividade.

Segundo orientação do VIA TOTAL 24, desafiei-me a uma jornada de meditações de *amor* aos pés de uma figueira centenária, figura imponente que eu tenho o privilégio de deparar-me ao abrir minha janela, todas as manhãs: *"que eu/tu esteja/s repleto de bondade-amorosa"*[7]. Consegui silenciar a mente e perceber pequenas coisas especiais e incondicionais que acontecem no meu entorno e com as quais eu poderia encher muitas listas de *gratidão*. Habituei-me a contabilizá-las antes de dormir (no papel ou mentalmente) e sinto que, quanto mais eu agradeço ao bem-estar que a natureza me oferece, mais eu me sinto parte dela.

Além do *amor* e da *gratidão*, estar junto à natureza frequentemente permitiu-me também vivenciar *serenidade* no coração, como pontua Fredrickson (2009), e a *esperança* como forma de não mais temer o amanhã.

E quanto a você, como pode buscar mais emoções positivas na sua vida?

Etapa 4 – Atividade Física com Apoio Social

A **etapa 4** diz respeito ao estabelecimento de uma rotina mais saudável. Alimento-me melhor, faço caminhadas e aulas de

---

[7] Recorte do padrão da meditação da bondade-amorosa do VIA TOTAL 24 (p.44), usada em programas de atenção plena.

dança, graças ao estímulo de pessoas comprometidas há muito com felicidade e bem-estar. Juntas, firmamos um compromisso com o processo, o que nos estimula a seguir em frente, de forma consentida e essencialmente por trazer bem-estar.

Pensando em você, como definiria uma rotina saudável para sua vida?

Enfim...

A Psicologia Positiva, definitivamente, não é uma panaceia. Ela pode apontar alguns caminhos, mas o empenho em torná-la útil à vida é somente nosso.

A vida pode se tornar, sim, um poço de frustrações, de tristeza, de incontáveis fracassos, com relacionamentos tóxicos, injustiças e abusos domésticos. O sofrimento advindo disso tudo não é opcional. Sejamos francos: ninguém faz a opção de sofrer para se tornar uma pessoa melhor, o que significa que possivelmente não percebamos nosso movimento até o fundo do poço. Quando nos damos conta, já estamos lá.

De uma pessoa doente, tornei-me alguém que escolheu ser a protagonista de sua história, mudando esse jogo nefasto. É certo que problemas ainda subsistem, mas lido com eles de forma pontual, porque prezo acima de tudo a qualidade tão sonhada de minha vida.

Quando a vida estiver cinzenta, lembre-se de que você também pode criar seu próprio caminho para o florescimento, seja por meio de leituras, ajuda de profissionais ou quaisquer outras trilhas pessoais. Contudo, é muito importante ter o cuidado de traçá-lo a partir do autoconhecimento, principalmente utilizando o que há de melhor em si próprio. Aplicar suas características positivas na vida leva você a trilhar um caminho favorável, esperançoso, divertido e edificante rumo à vivência concreta do seu maior potencial, ou seja, a sua melhor versão.

Espero que minha história inspire e encoraje você a, pelo menos, começar. Aprecie o melhor de si, sem moderação! Não permita que ninguém destitua o que você possui de genial. Isso pode estimular sua felicidade, conectar você a pessoas especiais, aumentando seu nível de emoções positivas. Essa poderia ser uma forma de lidar com o seu sofrimento, valorizando seu papel no "teatro da vida", com a certeza de que você merece viver com bem-estar!

Você daria uma chance a si?

Capítulo 7

Implementação da Psicologia Positiva como estratégia de ampliação das intervenções do setor de Recursos Humanos

Aline Lima

INSTAGRAM

Aline Lima é graduada em Psicologia e pós-graduada em Gestão de Pessoas. Trainer em Programação Neurolinguística, Coach de pais e filhos e Mentora da Felicidade baseada na Neurociência.

Em sua atuação de cerca de 15 anos com Recursos Humanos, sempre esteve comprometida com o desenvolvimento dos indivíduos e a promoção de um ambiente de trabalho mais saudável, inclusivo e motivador para todos.

Além de dedicar-se ao atendimento clínico, hoje atua como psicóloga das Categorias de Base do Fluminense Football Club, onde se tem dedicado a expandir e aplicar os princípios da Psicologia Positiva no contexto do esporte.

Ingressei na área de Recursos Humanos de uma universidade particular do Rio de Janeiro quando ainda estava no meu segundo período da graduação de Psicologia. Nessa época, tive a oportunidade de trabalhar com Claudia Giesteira e Leda Rosane, duas das três mulheres que me despertaram o olhar para as virtudes dos indivíduos, e ainda com Emily Gonçalves, cujo laço fraternal surgiu no primeiro dia de aula e com quem ainda troco muito aprendizado nesta longa e prazerosa jornada.

Atuando em recrutamento e seleção, cada narrativa de vida dos candidatos que passavam pelas entrevistas comigo, unida à possibilidade de acompanhamento de suas trajetórias no ambiente corporativo, tornaram-se reflexões enriquecedoras. Pude perceber o quanto o conjunto de condições que contribui para o bem-estar psicológico de um indivíduo se correlaciona com a sua satisfação com o trabalho e, consequentemente, com o seu desempenho.

Logo a Psicologia Positiva toma seu lugar nesta minha história. Essa ciência capaz de promover o florescimento humano e que se dedica a estudar e fortalecer as qualidades positivas e as virtudes humanas, orientando a visão saudável do desenvolvimento, visando priorizar a prevenção ao tratamento. Diferentemente das abordagens tradicionais da Psicologia, que se concentram nos transtornos mentais e nas doenças, apesar de a Psicologia Positiva não ignorar nem excluir o sofrimento humano e os problemas que os indivíduos experimentam, nem desvalorizar o estudo das psicopatologias (Pacico & Bastianello, 2014).

Este capítulo tem como proposta apresentar, em linhas gerais, um processo de recrutamento e seleção e seus desdobramentos e resultados, tendo as forças de caráter como recurso complementar das outras tratativas do processo.

Forças de Caráter como Pano de Fundo

As forças de caráter, conforme delineadas pela Psicologia Positiva, apresentam traços inatos e contextuais que influenciam a maneira como os indivíduos pensam, envelhecem e interagem com o mundo ao seu redor. Essas forças, identificadas por pesquisadores como Martin Seligman e Christopher Peterson, incluem qualidades como coragem, honestidade, gratidão e criatividade. Diferentemente das habilidades técnicas, as forças de caráter são mais intrínsecas à personalidade e desempenham um papel crucial no desenvolvimento individual (Peterson & Seligman, 2004).

Neste contexto de realização de recrutamento e seleção, levantar a força de liderança significava buscar a habilidade para orientar equipes em direção a metas comuns, enquanto encontrar a honestidade, por exemplo, transcrevia um candidato que denotava uma comunicação transparente e poderia gerar confiança entre os colegas. A criatividade, por sua vez, era capaz de impulsionar a inovação e a resolução de problemas para a posição trabalhada.

Considerando essas forças durante o processo seletivo, ampliamos a possibilidade de formar equipes equilibradas e capacitadas, prontas para enfrentar desafios com uma variedade de habilidades e perspectivas, apesar de esse estudo não ter sido construído como ferramenta de R&S.

Aplicação no Processo de Recrutamento

Durante a triagem curricular, era normal que eu procurasse as competências técnicas descritas em experiências anteriores e formações acadêmicas. Meu papel era ir além. Porém, raramente recebia um currículo estruturado por competência, no qual o candidato descrevesse seus projetos e resultados, destacando habilidades que mais pareciam ser de praxe transcrever em um currículo para parecer atrativo.

Com isso, durante uma entrevista, começou a ser crucial explorar situações específicas em que as forças de caráter do candidato fossem evidentes.

Esse levantamento na época era feito presencialmente, nas conduções das entrevistas estruturadas, adotando uma abordagem que me permitia um olhar de destaque para as forças de caráter. Realizava entrevistas por competência, que significava explorar situações específicas ou incentivar a reflexão sobre situações desafiadoras e que tipo de forças eram utilizadas claramente em cada uma delas. Questionamentos como "Descreva uma situação vivenciada em seu ambiente de trabalho em que você demonstrou coragem para enfrentar as adversidades" ou "Como suas habilidades de colaboração foram fundamentais em projetos anteriores?" podem fornecer *insights* valiosos sobre as forças pessoais do candidato. Ao direcionar uma conversa para experiências concretas, foi possível avaliar de forma mais eficaz como essas forças podem contribuir para o ambiente de trabalho.

Nessa época, recebia *feedbacks* bastante positivos dos candidatos que participavam dos processos, sendo eles aprovados ou não. Era como participar de algo muito diferente do que estavam acostumados no mercado. Eles traziam que era um ambiente acolhedor, com uma energia diferente, que antes procuravam um emprego, mas que depois de participar do processo a vontade de estar neste lugar teria aumentado, pois eles conseguiam entender que poderiam ser eles mesmos. Isso me encorajava a continuar.

Além disso, iniciei em 2011 a aplicação do teste de forças de caráter, também conhecido como VIA Survey, que foi desenvolvido por Christopher Peterson. Ao integrar esses elementos ao nosso processo de seleção, pude tomar decisões mais precisas e escolher candidatos que não apenas atendessem às exigências técnicas, mas também fortalecessem a equipe com suas forças individuais.

A avaliação das respostas dos candidatos deve ir além das questões óbvias. Observar como o candidato encara os desafios, os valores que guiaram suas ações e como eles contribuíram para o sucesso da equipe pode fornecer uma compreensão mais profunda das forças de caráter. Entrar em contato com narrativas que destacam a aprendizagem e o reconhecimento de vulnerabilidades indicam forças como humildade e abertura ao crescimento, por exemplo.

Desenvolvimento Contínuo

O subsistema de recrutamento e seleção não poderia ser considerado apenas como um meio de encontrar candidatos baseado em forças de caráter, mas também a ideia sobre, além de identificar, cultivar o seu florescimento neste ecossistema.

Uma vez que os colaboradores são integrados à equipe, é vital criar um ambiente que fomente o crescimento contínuo e de desenvolvimento das suas forças de caráter, incentivando um espaço de crescimento pessoal e coletivo.

O pontapé inicial do programa de desenvolvimento foi a implantação da integração. Nesta, a ideia era fomentar a importância daquela peça selecionada – o candidato aprovado - fazendo parte do todo, do grande ecossistema, facilitando assim seu engajamento e fornecendo informações básicas para o início de sua jornada. Cria-se um ambiente de acolhimento neste momento, onde tudo pode parecer muito novo e desafiador.

Esse é o momento de reflexão sobre as forças nunca serem encaradas como forma de distinção, mas sim de complementação dessas mesmas forças para se caminhar em um objetivo comum, no qual cada indivíduo e sua diversidade somam com suas potencialidades. Esse processo reduz a resistência e otimiza o andamento das atividades laborais, uma vez que a diversidade traz sempre novos olhares e novas possibilidades de acertos.

A partir daí, os treinamentos se concentravam em facilitar a identificação e utilização das forças individuais para promover um ambiente de trabalho positivo e produtivo. Os colaboradores passavam por um processo de autorreflexão e deveriam ser capazes de reconhecer e cultivar as suas próprias forças de caráter e de seus parceiros, facilitando o engajamento e ampliando o nível de segurança psicológica. Evidências sugerem, inclusive, que a manutenção da segurança psicológica eleva os níveis de engajamento no ambiente de trabalho (Gonçalves *et al.*, 2023). Deste modo, considera-se um ciclo: na medida em que as forças de caráter são estimuladas, levando ao engajamento e promovendo a segurança psicológica, esta última, por sua vez, continuaria potencializando os níveis de engajamento no trabalho.

Os treinamentos incluíam atividades práticas, como exercícios de reflexão, discussões em grupo, estudos de caso, entre outros. Como resultado, o ambiente de trabalho se abastecia de uma comunicação assertiva e mais capacitada para resolução de conflitos e tomada de decisões éticas, tornando-se mais autênticos e compassivos com suas vulnerabilidades.

Impacto na Cultura Organizacional

Ao ampliar o conhecimento das forças de caráter, fortalecemos não apenas individualmente nossos colaboradores, mas também moldamos uma cultura organizacional que valoriza a diversidade de habilidades e perspectivas, como falamos na implantação da integração. Equipes compostas por indivíduos que podem aplicar suas forças de caráter são mais resilientes, inovadores e adaptáveis. Essa abordagem impacta diretamente a produtividade, pois as equipes se tornam mais capacitadas para enfrentar desafios, possibilitando, também, o aumento nos níveis de bem-estar psicológico (Wolff & Andretta, 2023).

Em nossas trocas no programa de desenvolvimento, os próprios colaboradores resolveram criar o **programa de reconhecimento**. Como o nome já diz, o objetivo do programa era criar um canal amplo onde seria possibilitado a todo e qualquer colaborador dar *feedbacks* positivos e reconhecer uma ação, de forma 360º, ou seja, uma coleta de *feedback* de múltiplas fontes, incluindo supervisores, subordinados, colegas de trabalho e, em alguns casos, até mesmo clientes e fornecedores. O termo "360" refere-se à ideia de que o *feedback* é coletado de todas as direções, ou seja, de todos os ângulos ao redor do indivíduo avaliado.

Essa prática ampliou o bem-estar no ambiente organizacional, principalmente por ter sido uma ideia dos colaboradores superbem recebida e comprada pela gestão e, após implantada, foi tomando um percurso diferente do inicial. Ao início todo mundo esperava ser reconhecido. Depois o estímulo de participação passou a ser maior quando se percebeu que era muito mais prazeroso dar do que receber. Ao final, os reconhecimentos tomaram grandes proporções. Para melhor administrar esse crescimento, criamos um **comitê de reconhecimento**, no qual, a cada três meses, essas pessoas escolhidas, de diferentes áreas, eram responsáveis por selecionar os três melhores reconhecimentos do trimestre. O projeto ganhou uma cara, que teve votação, engajando toda a empresa e confeccionamos troféus para estes premiados.

Conclusão

No final, ficou claro para mim que o que era um desejo de melhoria no processo de recrutamento e seleção, com a abordagem centrada nas forças de caráter, se tornou uma estratégia eficaz para fortalecer equipes e melhorar a cultura organizacional, contribuindo primeiramente com o crescimento pessoal e profissional dos colaboradores, resultando em equipes mais engajadas e produtivas.

A lição aprendida é que o investimento em reconhecimento e desenvolvimento das forças de caráter dos colaboradores não só impacta positivamente na dinâmica das equipes, mas também impulsiona a inovação e a resiliência diante dos desafios corporativos.

À medida que as organizações buscam formas inovadoras de aprimorar seus processos de recrutamento, uma abordagem baseada nas forças de caráter emerge como uma tendência persistente quando falamos em uma instituição que valoriza o bem-estar profissional como forma de estratégia de alavancagem. A valorização das qualidades intrínsecas dos candidatos não apenas enriquece a composição das equipes, como também contribui para a construção de culturas organizacionais robustas. A perspectiva futura sugere que a busca por talentos se concentrará cada vez mais na identificação e no desenvolvimento das forças e valores individuais que impulsionarão o sucesso coletivo.

Capítulo 8

Mentoria com Forças de Caráter inspirando autoconhecimento e realizações

Priscila Cristina Gonçalves

INSTAGRAM

Inspirada pelo saber e apaixonada por pessoas. Gestora de RH (UNISAL), Pós-graduada no MBA Executivo de Desenvolvimento Humano e Psicologia Positiva (IPOG). Certificada como Positive Practitioner e Trainer, Positive Educator, Trainer e Speaker, Happiness, Strengths e Interventions Mentor (Instituto Felicidade Agora é Ciência) e como Coach in Applied Positive Psychology, Strengths Coach e Personal & Professional Coach (SBC). Possui mais de 20 anos de experiência em administração de empresas e gestão de pessoas. Idealizadora da ViraSol Desenvolvimento Humano, criadora do Método ViraSol, atua como consultora, mentora, coach, palestrante e trainer em desenvolvimento do potencial humano.

Considero que toda busca por melhoria parte da necessidade de combater algo que nos incomoda de alguma maneira. É o que costumo chamar de zona de conforto desconfortável, ou seja, aquela situação que percebemos não estar funcionando bem, mas que, para sairmos dela, muitas vezes, precisamos antes passar por um processo que vai nos desafiar de alguma maneira. E isso não é diferente com processos de autoconhecimento e de busca por realizações, que podem tornar nossas vidas mais completas.

A procura pela Psicologia Positiva – PP, partiu de uma necessidade própria de encontrar meios de sair de uma zona de conforto desconfortável, pois havia chegado a um ponto da minha vida profissional no qual eu sabia, intuitivamente, que possuía diversas qualidades humanas positivas que não estavam desenvolvidas em sua potencialidade, e que, ao fazer isso, eu poderia realizar muito mais para mim e para as pessoas ao meu redor. Nessa época, em certa medida, já sentia que tinha o propósito de inspirar pessoas a descobrirem e utilizarem o seu melhor, mas, para tanto, o primeiro passo seria aplicar isso a nível pessoal.

Nesse caminho de autodescoberta, além de todo o conhecimento adquirido, tive alguns mentores, e a junção desses fatores foi fundamental para que eu alcançasse o sucesso de uma busca pela clareza sobre quem eu era e do que poderia fazer a partir da extração do meu melhor.

Partindo dessa transformação pessoal e constatando, na prática, as melhorias positivas, passei a refletir sobre a necessidade de ser uma agente de transformação para a vida de outras pessoas. Afinal, por que não lhes proporcionar esse processo de autodescoberta, para que pudessem usufruir dessa ciência para suas próprias realizações?

Assim, nasceu o Solte-se, um programa personalizado de mentoria, com base nos construtos da PP e temáticas do desenvolvimento do potencial humano, voltado para o desenvolvimento pessoal e/ou profissional, que visa orientar pessoas que estão em busca de mudanças em suas vidas e que, para isso, precisam descobrir, desenvolver e potencializar suas qualidades humanas positivas, favorecendo o alcance de metas, objetivos e resultados. Portanto, este capítulo tem por objetivo principal apresentar as etapas do projeto Solte-se e indicar os benefícios alcançados por quem já passou pelo processo.

O Programa Solte-se: Mentoria com Forças de Caráter

Considero que ter um mentor é ter alguém comprometido, empático e pronto para segurar a mão do mentorado, servindo de apoio em seu processo de florescimento, por isso, todos os trabalhos devem ter como fundamentos a vivência de um propósito e a expertise em poder auxiliar quem procura por um processo de mentoria.

Para que possamos ajudar o outro, de forma genuína e sustentável, o primeiro passo é conhecer essa pessoa.

Saber quem ela acredita que é, o que pretende realizar, o que possui de vitórias e de desafios a serem superados para realização do que deseja, além de compreender seu atual momento de vida e como classifica seu próprio bem-estar. Esses são pontos essenciais para que um mentor avalie se e como poderá ajudar o mentorado no alcance dos seus objetivos, sendo esse o primeiro passo.

Etapa 1 – Mapeamento da situação atual de vida e definição de objetivos

Assim, com o intuito de aprofundar o conhecimento sobre si mesmo e a realidade de vida atual, o programa utiliza a aplicação de algumas medidas de construtos essenciais:

- Escala de Afetos Positivos e Afetos Negativos – PANAS, pois, conforme Cristian Zanon e Claudio Hutz (2014, p. 63), tais elementos "compõem a dimensão emocional do bem-estar subjetivo, já que esses construtos caracterizam-se pela própria expressão de sentimentos, emoções e afetos";

- Escala de Satisfação com a Vida, indicada por Claudio Hutz; Cristian Zanon e Marucia Bardagi (2014, p. 44) como "o componente cognitivo do bem-estar subjetivo definido como o nível de contentamento que alguém percebe quando pensa sobre sua vida de modo geral"; e

- Roda da Vida, uma ferramenta de Coaching que para Andréa Perez (2020, p. 126) "trata-se de uma avaliação que permite de forma ampla e investigativa conhecer detalhes sobre o aspecto cognitivo do bem-estar subjetivo".

As sessões destinadas a essas aplicações são momentos de profundas reflexões e descobertas para o mentorado no sentido obter *insights* preciosos para o ajuste de seus objetivos.

Por isso, apenas após esse alinhamento inicial e primordial passamos para a definição efetiva de objetivos, ou seja, o que o mentorado busca com o processo de mentoria. Essa fase do processo pode ser um momento bastante revelador e surpreendente, pois sua condução, embasada na PP, tem aberto margens para que clientes, ao relembrarem de sucessos passados, se reconectem com desejos, muitas vezes esquecidos ou suprimidos, e que, ao serem relembrados, trazem de volta o brilho no olhar, pela possibilidade de serem realizados.

Além disso, frequentemente, há clientes cujo objetivo na mentoria é encontrar um objetivo, o que abre espaço para que o processo possa ser ainda mais intenso e agregador, pois saber quem se é torna mais fácil a jornada para descobrir o que se quer.

Etapa 2 – Conhecimento, exploração e potencialização das forças pessoais

Após esse processo inicial de autopercepção e autodescoberta, o *assessment* VIA *Survey* é aplicado para a descoberta do *ranking* das forças pessoais do cliente, dando continuidade ao processo de autoconhecimento positivo por meio de uma devolutiva bem estruturada do resultado do teste, que o sustentará ao longo de toda a mentoria e além dela, pois conhecer com profundidade as suas forças e como utilizá-las em favor de si e dos outros permitirá que, mesmo após o final do processo, o cliente possa continuar agindo, pensando e se comportando, alinhado a sua essência, e, com isso, seja capaz de realizar outros objetivos futuros, visto que para Ryan Niemiec (2019, p. 32) "essas forças são catalisadoras de ações e narrativas positivas, que utilizamos em qualquer situação para o resto de nossa vida".

Em corroboração ao mencionado pelo autor, clientes com processos de mentoria finalizados, constantemente, enviam relatos sobre o quanto o uso assertivo das forças tem tido impacto positivo em seus trabalhos, em projetos que estão realizando, em suas relações sociais e, principalmente, no aumento de sua resiliência diante das adversidades da vida.

À vista disso, diversas sessões são dedicadas ao tema, nas quais são realizadas as seguintes propostas: educação positiva sobre forças de caráter e virtudes humanas, alinhamento do significado das forças para a pessoa e seu contexto de vida, identificação das forças de assinatura com a aplicação dos 3 E's[1], além da aplicação de intervenções e práticas, muitas vezes personalizadas e adaptadas ao perfil de cada cliente, seguindo as sugestões de Ryan Niemiec (2019) para a personalização de Intervenções com Forças de Caráter – IFC, visando o trabalho intencional em favor do entendimento e alcance do equilíbrio das forças e de sua potencialização.

Essa parte do processo exige muita dedicação, pois o entendimento genuíno das forças e de como elas podem agir na vida de cada cliente é o que embasa todo o programa que segue, visto que, a partir desse ponto, todas as outras temáticas trabalhadas são alinhadas com o uso intencional das forças de caráter.

Etapa 3 – Potencializando Emoções Positivas

Nos processos de autoconhecimento, ampliar a percepção

---

[1] Ryan Niemiec e Robert McGrath (2021) indicam que as forças de assinatura possuem três características principais, sendo elas: essenciais, esforço zero e energizantes.

a respeito da calibragem das emoções é essencial para que se mantenha uma positividade saudável no caminho para as realizações, além de manter a motivação no alcance dos objetivos pretendidos com a mentoria, visto que "[...] é a centelha de sentir-se bem que desperta sua motivação para mudar", segundo aponta Barbara Fredrickson (2009, p. 16), pesquisadora de emoções positivas.

Dessa forma, o trabalho com as emoções positivas se baseia nas pesquisas da autora, que apresenta alegria, gratidão, serenidade, interesse, esperança, orgulho, diversão, inspiração, admiração e amor como as dez emoções positivas principais, ou as dez formas de positividade.

Assim, fundamentado no exposto, com base nos construtos da Roda da Vida e utilizando o que é proposto pelo Modelo de Elementos de James Pawelsky (2020)[2], criei a ferramenta Roda da Positividade, pela qual é feita uma autoavaliação sobre a vivência atual das dez emoções positivas, descobrindo quais delas precisam de maior atenção para geração de bem-estar e positividade e quais o mentorado deseja vivenciar com a realização de seus objetivos, de modo que possa se manter inspirado e motivado ao longo do processo.

Após o momento de descoberta, há o alinhamento dessas emoções com o uso intencional das forças de caráter, trazendo a possibilidade de reflexão sobre ações intencionais que podem ser incorporadas ao dia a dia, para a geração e vivência das emoções positivas identificadas.

---

[2] O Modelo de Elementos de James Pawelsky (2020) sugere que para a criação ou personalização de novas intervenções deve-se começar com base em uma intervenção já existente, substituindo diferentes elementos considerando: o seu resultado, ou seja, o propósito da intervenção; o sistema-alvo ou o domínio no qual ocorre a mudança específica; o ingrediente ativo que é o que causa a mudança no sistema-alvo; e a atividade, isto é, o conjunto de ações intencionais recomendadas pela prática.

Essa ferramenta tem demonstrado um excelente potencial no processo de autoconhecimento e fortalecimento, pois, a partir dos relatos recebidos dos mentorados, é possível constatar que a vivência intencional das emoções positivas com o suporte das forças facilita o constante realinho com suas potencialidades humanas positivas em favor do enfrentamento de obstáculos que surgem em sua jornada de realização, sem deixar de levar em conta o seu bem-estar.

Etapa 4 – Potencialização da Resiliência

Nesse sentido, sabemos que a busca pela realização de metas pode ser desafiadora, porque temos que lidar constantemente com fatores que saem do nosso domínio e, por essa razão, a resiliência é fundamental para nos manter firmes em direção ao que almejamos. Por isso, parte essencial do processo envolve a potencialização dessa habilidade com o uso das forças de caráter, pois:

> Ser resiliente é também buscar suporte nas nossas forças de caráter para fortalecer nossas relações, criando uma rede de apoio ou para aprender com nossos erros, encontrando novas formas para realizar nossos objetivos (Gonçalves, 2022, p. 281).

Dessa forma, o Programa Solte-se utiliza o Método ViraSol para construção, desenvolvimento e fortalecimento da habilidade de resiliência, apresentado por Priscila Gonçalves (2022), e sua aplicação tem apresentado resultados positivos no aumento do nível de resiliência dos mentorados, desde que haja intencionalidade e constância na realização das atividades que são propostas. Assim, o conjunto de atividades e IFCs propostas nesta fase, conforme resultados já verificados, auxilia não somente ao longo da mentoria, mas também em sua utilização após o final do processo, na manutenção do alcance do objetivo almejado e em favor de novas metas.

Etapa 5 – Elaboração do plano de ação positivo

A última fase do programa consiste na construção de um plano de ação positivo, totalmente personalizado aos objetivos trabalhados no processo e ao perfil de qualidades humanas positivas do mentorado, e na aplicação final das escalas e ferramentas utilizadas em seu início.

O modelo de plano de ação engloba não apenas a parte prática para realização da meta, mas também um mapeamento do que foi desenvolvido ao longo de toda a jornada, indicando os seguintes pontos:

Como cheguei e como saio da mentoria, com a apresentação dos resultados iniciais e finais de escalas e ferramentas de mensuração utilizadas;

O que eu tenho de melhor, que expõe os recursos internos positivos descobertos ao longo do processo;

Meu desenvolvimento, com avaliações de ganhos com cada sessão da mentoria; e

Análise detalhada dos objetivos trabalhados.

Com esse mapeamento, o mentorado sai do processo de mentoria capacitado e instrumentalizado a dar continuidade a seus projetos, alinhado com o que possui de melhor em si, de forma a poder caminhar sozinho em suas realizações, tendo a certeza de que suas escolhas serão sustentáveis e efetivas.

Além disso, a aplicação inicial e final das escalas e ferramentas facilita a percepção do alcance dos resultados e o quanto foi calibrado de bem-estar subjetivo e as emoções positivas no processo, transformando o alcance dos objetivos em genuínas realizações positivas.

Considerações finais

Um mentor deve segurar a mão de seu mentorado durante o processo de mentoria e para além dele também.

Assim, trabalho sempre no fortalecimento positivo dos meus clientes para que possam exercer uma vida de realizações positivas para si e para a sociedade, e os *cases* de sucesso retratam a dedicação na atuação de mentora, o que é percebido com os contatos dos clientes compartilhando seus sucessos, pedindo novas orientações, dando *feedbacks* sobre os impactos positivos do processo em suas vidas e em novas decisões, porque acreditam que, embora um ciclo tenha sido finalizado, uma vez de mãos dadas, de mãos dadas estaremos sempre, e esse é o poder que uma mentoria possui.

Além disso, vale destacar que o apresentado aqui é apenas uma amostra do trabalho realizado ao longo de um processo completo do Programa Solte-se, pois é reservada ainda a personalização ao perfil dos clientes para uma construção com efetividade de cada mentoria.

Dito isso, nesse ponto, gostaria de incentivar você na busca pelo autoconhecimento positivo, apresentando os inúmeros benefícios e as diversas formas de se trabalhar intencionalmente as suas forças de caráter em favor do que deseja de realização para si mesmo e para a sociedade, seja em seu trabalho, em sua comunidade ou em qualquer outra vertente em que possa, por meio do que possui de melhor, auxiliar no encontro e aproveitamento do melhor no outro, assim como os clientes têm conseguido.

Portanto, fica o convite para que acesse as suas forças de

caráter e se reconecte com suas qualidades humanas positivas, trace um plano de ação positivo para seus objetivos e procure, caso perceba que precisa, alguém para segurar a sua mão nesse processo. Afinal, sozinhos nós podemos, mas como sempre me diz a minha própria mentora de vida e de trabalho com a PP, Andréa Perez (2023, p. 23), "Juntos Somos Melhores".

    E você pode, caso deseje, usufruir do poder que uma mentoria com Forças de Caráter tem para inspirar o seu processo de autoconhecimento e as suas realizações. Conte comigo!

Capítulo 9

Mulheres extraordinariamente simples em busca de florescimento

Paula Gãneme

INSTAGRAM

Mentora de mulheres em felicidade e bem-estar; especialista pós-graduada em Psicologia Positiva: Ciência do Bem-Estar e Autorrealização, pela PUCRS; certificada internacionalmente em Psicologia Positiva, pelo Wholebeing Institute Brasil; Mentor Happiness e Poets Premium pelo IFAC/RJ.

Quando eu era mais nova e trabalhava no Centro do Rio de Janeiro, costumava pegar o metrô na estação Cardeal Arcoverde, em Copacabana, onde eu morava, e entrava no vagão reservado exclusivamente para mulheres. Eu gostava de observar cada mulher que entrava e saía na correria do seu dia a dia. O vagão estava costumeiramente bem cheio, mas isso não parecia ser relevante para a maioria delas, que se perdia em pensamentos bem distantes dali. Eu gostava de imaginar as histórias de cada uma, como forma de passar o meu tempo: uma tinha acordado cedo, colocado o café na mesa, deixado os filhos na escola e estava atrasada para o trabalho, de modo que arquitetava como explicar para o chefe mais um dia de atraso; a outra estava feliz porque tinha tido uma noite romântica com o namorado e repassava cada passo do jantar em sua mente; tinha também aquela que havia brigado com o seu companheiro e pensava no que poderia fazer para reverter a situação... Eram muitas as histórias que eu criava para passar o meu tempo.

Enquanto a minha imaginação corria fértil, eu ainda me impressionava com aquelas mulheres que entravam no vagão de "cara limpa", despenteadas e com a roupa toda amassada e saíam deslumbrantes, com o cabelo perfeitamente preso, a roupa no lugar e o rosto rejuvenescido pela maquiagem realizada em poucos minutos num espelho minúsculo encontrado na *nécessaire* gigante que estava escondida dentro da sua bolsa, ao lado do sapato de salto alto e bico fino, que seria trocado pela sandália rasteira que calçava, um pouco antes do seu destino final.

Essas cenas costumam vir à minha mente quando penso em nós, mulheres. Eu sempre fui nossa admiradora contumaz. Cresci cercada por mulheres simples, de vidas simples, mas que faziam coisas extraordinárias. Sim, extraordinárias na sua simplicidade. A minha avó era uma cozinheira, como dizem: "de mão cheia". Tudo o que ela tocava na cozinha "virava ouro" (ao menos para nós, os seus netos). A minha mãe teve que refazer a sua vida de repente, quando meu pai faleceu muito cedo, em um acidente de carro. Ela estudou para concurso público, passou e criou os seus três filhos sozinha, com muito amor e dedicação. Hoje, está aposentada, mas não do seu papel de mãe cuidadosa e dedicada e, agora, acumula também o papel de avó amorosa.

É nessa simplicidade extraordinária que as mulheres vão construindo a sua história e deixando as suas marcas. Todo mundo conhece, já conheceu ou é uma mulher extraordinariamente simples. Mas essa simplicidade é, ao mesmo tempo, complexidade. Por trás da história simples de cada mulher, existe uma entrega, uma doação de si mesma, um abandono dos seus projetos e sonhos, uma realidade que, em dado momento, aparece e "pede a conta".

Eu comecei a ter contato com esse fato quando finalmente amadureci e, junto comigo, as minhas amigas, colegas de trabalho e outras mulheres à minha volta. Comecei então a ouvir uma história recorrente, que passou mais tarde a ser objeto de trabalho para mim, como mentora e especialista em Psicologia Positiva.

E é sobre isso que vou tratar neste capítulo e espero que possa, de alguma maneira, ser inspirador para você.

A mulher diante do espelho

Ocorre que, durante a sua infância e juventude, é comum que a mulher faça muitos planos sobre o seu futuro: imagina que um dia encontrará o seu "príncipe encantado", que a protegerá de tudo e estará ao seu lado até o fim, que constituirão um lar e uma família harmoniosa e serão felizes para sempre. Até que um dia essa mulher se casa e a verdade se põe à sua frente. Ela descobre que "príncipes encantados" só existem em histórias infantis; que ela precisará cuidar da casa sozinha; e que o seu marido se dedica somente ao trabalho e passa o dia todo fora. Chegam os filhos e vem a decisão final: ela ficará em casa, cuidando das crianças, enquanto ele continua lutando por seus objetivos profissionais. Quando muito, eles decidem que ela arrumará um emprego de meio expediente, enquanto as crianças estão na escola, para ajudar nas despesas da casa. A possibilidade de compartilharem responsabilidades, de modo que a mulher também possa seguir com os seus projetos pessoais, não é nem mesmo cogitada. Mas, como uma boa mulher extraordinária, ela aceita tudo com amor e por amor e eles seguem o caminho da vida.

Um dia, essa mulher percebe que seu marido alcançou seus objetivos profissionais, bem como seus filhos cresceram e já não demandam mais tanto cuidado. Ela se olha diante do espelho e se sente perdida, desorientada, já não sabe mais o que fazer. Passou a vida dedicando-se aos seus filhos e ao marido e ninguém precisa mais dela. Os filhos já são independentes; o cargo de seu marido o exige demais; e o trabalho que ela realiza em apenas parte do seu dia já não tem mais significado algum. Ela se sente sozinha e não sabe mais como agir, pois tudo aquilo que sabia esvaiu-se por seus dedos sem ao menos ela notar.

Foi assim, observando diversas narrativas semelhantes, que compreendi que poderia usar o conhecimento da Psicologia Positiva para ajudar essas mulheres, criando uma mentoria em felicidade e bem-estar. Eu sabia que poderia ajudá-las a encontrar sentido e propósito em suas vidas, além de mostrar o quão extraordinárias elas são, mesmo nas coisas mais simples do seu cotidiano.

Inspirada no PERMA – composto pelos elementos: emoção positiva, engajamento, relacionamentos, sentido e propósito – de Martin Seligman, pai da Psicologia Positiva, montei um programa de cinco encontros, em cada um dos quais desenvolvi um dos elementos.

O nascimento da Mentoria de Bem-estar para Mulheres

A época em que tudo foi pensado trazia mais um desafio, que era o fato de estarmos vivendo sob a pandemia da Covid-19. Mas, ao contrário de ser um obstáculo, acabou sendo um facilitador, porque todas estavam há muito tempo isoladas e precisando de alguma forma de contato com outras pessoas.

A mentoria foi toda planejada para realização em plataforma *online* e o acompanhamento durante o decorrer da semana por meio de um grupo de troca de mensagens instantâneas.

Convidei algumas mulheres da minha rede de contatos, que aceitaram imediatamente o convite e começamos a nossa mentoria. Foi impressionante perceber com que rapidez algumas pequenas mudanças já começaram a ser notadas na vida dessas mulheres.

A mentoria era dividida em cinco encontros, que aconteciam uma vez por semana e duravam em torno de duas horas, e em cada encontro um dos elementos do PERMA era aprofundado por meio da explicação do tema, de discussões em duplas sobre as impressões causadas e por práticas de intervenções relacionadas.

Logo no primeiro encontro, cada uma das participantes foi convidada a fazer uma análise do quanto estava satisfeita com a sua vida. Usamos para tal avaliação a "Escala de Satisfação de Vida", desenvolvida por Diener, Emmons, Larsen e Griffin, que é mundialmente usada e adaptada para o Brasil pelo Laboratório de Mensuração da UFRGS. Sobre o tema, Claudio Hutz nos diz que "satisfação de vida é o componente cognitivo do bem-estar subjetivo definido como o nível de contentamento que alguém percebe quando pensa sobre sua vida de modo geral" (Hutz, 2014, p. 43). Pois bem, a maioria apresentou níveis médios de satisfação de vida e começamos, então, a adentrar no mundo pouco explorado da ciência da felicidade e do bem-estar, a fim de melhorarmos essas percepções ao longo daqueles dias que passaríamos juntas.

Durante as semanas de mentoria, fomos passeando pelos cinco elementos do bem-estar e vivenciando-os, utilizando algumas intervenções da Psicologia Positiva. Todas as mentoradas estavam muito animadas e empenhadas em realizar as suas tarefas, o que contribuiu bastante para o sucesso do processo. A dedicação é um componente essencial para o alcance dos resultados esperados e isso era uma preocupação que eu tinha, pois as intervenções podem, à primeira vista, parecer simples demais ou mais uma ferramenta de autoajuda espalhada por aí, entretanto, estamos falando de métodos testados e comprovados por meio da ciência e não apenas experimentados por algum curioso. Deixei isso bem claro para todas as participantes do programa, que compreenderam e se comprometeram a realizar as atividades com atenção e cuidado.

Foi uma deliciosa experiência que compartilhamos, com muita partilha e troca de vivências Todo o percurso foi acompanhado pelo "Diário da Gratidão", no qual, diariamente, cada mentorada anotava três coisas boas que tinham acontecido com ela naquele dia, umas das ferramentas fundamentais para a mudança de perspectiva. O diário foi pensado por Martin Seligman, que entendia que:

> Nós pensamos demais nas coisas que dão errado e não o suficiente nas que dão certo em nossas vidas. Claro, às vezes faz sentido analisar os acontecimentos ruins para que possamos aprender com eles e evitá-los no futuro. No entanto, as pessoas tendem a passar mais tempo pensando no que é ruim na vida do que no que é útil. Pior ainda, este foco nos acontecimentos negativos nos predispõe à ansiedade e à depressão.

Uma forma de evitar que isso aconteça é começar a pensar e saborear o que correu bem (Seligman, 2020, p. 44).

Ao longo do caminho, fui percebendo que aquelas mulheres que realmente estavam decididas a mudar e se empenhavam em realizar suas pequenas tarefas diárias começaram a mudar seus discursos, seus semblantes foram se tornando mais leves e elas estavam cada dia mais engajadas e sentindo-se realizadas. Ao contrário, não observei muitas mudanças nas mulheres que não se empenharam tanto, apesar do simples fato de estarem ali conosco compartilhando as suas vidas já ter feito alguma diferença na rotina delas de forma positiva. Mais tarde, uma delas me confidenciou que percebeu que a entrega nas atividades planejadas foi essencial para alcançar as mudanças que ocorreram em sua vida.

Essas transformações também foram fruto de um autoconhecimento que foi materializando-se ao longo do programa. Um dos fatores que ajudou bastante neste processo foi a compreensão que cada uma obteve a partir da reflexão do conceito de *flow*, trazido por Mihaly Csikszentmihalyi, e o quanto as suas atividades cotidianas precisavam se coadunar com as suas habilidades, de forma a gerar bem-estar e não ansiedade ou frustração.

De acordo com o autor, *flow* é o "estado em que a pessoa fica tão envolvida numa atividade que nada mais parece importar, em que a experiência em si é tão apreciada que nos entregamos a ela mesmo a um alto preço, pela mera satisfação de vivê-la" (2020, p. 14). Complementa ainda o mesmo autor que "é crucial aprender a transformar o emprego em uma atividade geradora de *flow* e pensar em modos de tornar o relacionamento com pais, cônjuges, filhos, amigos mais prazeroso" (2020, p. 17). Foi assim, então, que cada uma reviu as suas tarefas do dia a dia e começou a buscar meios de tornar esses afazeres algo prazeroso, gostoso de realizar, alcançando assim o *flow* de forma intencional, deixando a sua vida mais leve.

Repletas de gratidão e mais satisfeitas e engajadas com as suas atividades cotidianas, continuamos o nosso processo, agora buscando a prática de atos de bondade, como forma de melhorar os relacionamentos com aqueles que estavam à sua volta. Essa intervenção, hoje estudada e validada a sua eficácia por cientistas, foi popularizada com o filme que, no Brasil, recebeu o título "A Corrente do Bem" (*Pay it forward*. Direção: Mimi Leder. Warner Home Video, 2000) (Niemiec, 2018, p. 318). Durante aquele período, as mentoradas fizeram boas ações de forma aleatória, sem esperarem nada em troca. Foi uma delícia ouvi-las partilharem as reações e surpresas positivas encontradas pelo caminho. No final, concluíram que as maiores beneficiárias daquela corrente foram elas mesmas.

A essa altura da jornada, a maioria já tinha de alguma forma passado por novas sensações e experiências nas atividades próprias do seu dia a dia. Era o momento, então, de refletirem sobre o sentido das suas próprias existências. Viktor Frankl já dizia que o sentido da vida não se trata de compreender o que esperamos da vida, mas o que a vida espera de nós (Frankl, 1985, p. 101). De repente, aquelas mulheres começaram a compreender que as suas vidas eram cheias de significado e a razão de existirem era exatamente poder servir àqueles que amam.

Aquelas mulheres compreenderam que a vida é dinâmica e que a cada instante podemos buscar algo novo, novos desafios, novos ideais, mas que isso não invalida os sonhos do passado nem nos engessa para pensarmos em novas estratégias para o futuro, apenas nos faz aceitar e amar o nosso presente.

Nesse ponto, faltava bem pouco para concluirmos a caminhada rumo à felicidade e ao bem-estar. Havia mais sorrisos, mais leveza, mais amor-próprio e mais autoaceitação. Era hora de traçarmos as metas para o amanhã. Cada mentorada foi convidada a refletir tudo o que já havia realizado, mas também aquilo que ainda era desejo em seu coração. Cada uma mapeou a sua história e a estrada que seguiria a partir dali. Algo havia mudado: agora tinham certeza e estavam seguras dos seus ideais.

Ao final das cinco semanas, nos encontramos, pessoalmente, para celebrarmos as mudanças ocorridas e partilharmos as vitórias. Foi muito gratificante saber que uma das mentoradas, diagnosticada há seis anos com depressão crônica, havia reduzido pela metade a dosagem de seus medicamentos; outra havia percebido a sua força interior, que antes não enxergava; e muitas passaram a ver a vida de uma forma mais positiva, tornando seus dias mais leves e produtivos.

Com o sucesso da primeira turma, logo outra se formou e algumas daquelas mulheres que tinham composto a primeira turma resolveram fazer parte da segunda também e, assim, foi crescendo o número das que queriam conhecer e vivenciar essa tal de ciência da felicidade.

Veio o segundo módulo, depois um evento que batizei de "Café Positivo" e, recentemente, a proposta de lançar, junto com o Instituto Felicidade Agora é Ciência – IFAC, o Programa FEEM (Programa de Florescimento e Engajamento da Mulher Madura), que visa dar às mulheres uma nova percepção das suas realidades, valorizando as suas jornadas e gerando a compreensão de que, a qualquer momento, a felicidade pode ser alcançada e fazer parte de sua vida.

Sei que essa história não termina por aqui. Existem muitas mulheres, extraordinariamente simples, espalhadas pelos quatro cantos do mundo que, assim como aquelas que já cruzaram o meu caminho, estão em busca de uma vida com mais felicidade e bem-estar. Mulheres que precisam se reencontrar, se autoconhecer e aprender a olhar para a sua própria existência com mais amor e carinho. Mulheres que precisam tocar o seu "eu" com a mesma delicadeza que tocam o "eu" do outro. Mulheres que quero um dia encontrar, para traçar junto com elas uma nova jornada e uma nova maneira de viver a vida, levando-as ao florescimento, pois, "quando as pessoas florescem, disso resulta a saúde, a produtividade e a paz", como afirma Martin Seligman (2020).

Espero um dia poder encontrar você, mulher, e conhecer a sua história e o seu jeito de viver a vida de forma extraordinariamente simples!

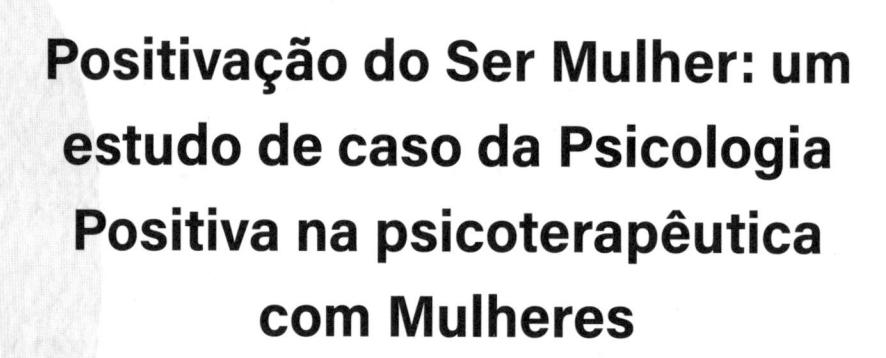

Capítulo 10

Positivação do Ser Mulher: um estudo de caso da Psicologia Positiva na psicoterapêutica com Mulheres

Verônica Ávila Souza

Psicóloga graduada, MBA - Gestão de Pessoas & MBA - Empresas de Petróleo e Gás, formada em Personal & Professional Coaching e Positive Psychology Coaching, Analista Comportamental (Innermetrix Brazil). Possui várias certificações em Psicologia Positiva: Practitioner & Trainer em PP, Intervenções e práticas em PP, Intervenções em forças de caráter, Inteligência Positiva & Mindset, Intuição e Flow, Educação Emocional Positiva e Psicoterapia Positiva, Consultora de Imagem e Estilo. Líder do Comitê de Saúde Núcleo Campos-RJ (Grupo Mulheres do Brasil), Membro do Positive Meeting, Idealizadora do PositivAção do Ser e #conexõespositivas. Coordenadora do Comitê de Diversidade da UNBC. Membro da Subcomissão de Diversidade, Equidade e Inclusão (Petrobras). Certificação em Segurança Psicológica.

Atua presencialmente e on-line na Psicologia Clínica, Desenvolvimento Pessoal e Profissional, Consultoria e Colaboradora na área E&P na Petrobrás.

As questões femininas observadas no cotidiano da psicoterapia com mulheres nos colocam à frente de sofrimento/sintomas emocionais/físicos muito comuns enquanto grupo social, apontando tensões e conflitos que ressaltam condições opressivas de existência, assim como modos específicos de adoecer.

Nessa direção, Burin (2012) aponta a concepção da saúde mental das mulheres como: "tensional-conflictivo". Ressalta algumas das experiências cotidianas que envolvem risco para a saúde mental delas: a maternidade, as questões de sexualidade, relacionamentos amorosos e trabalho feminino. Essa forma de observar gênero e saúde mental tem enfatizado a necessidade de analisar as relações de poder intergênero (entre homens e mulheres), intragênero (entre as próprias mulheres) e os seus efeitos.

No contexto da prática clínica psicológica as mulheres sempre foram uma importante fonte de conexão e inspiração para minha experiência profissional, e as metodologias teóricas da Psicologia continuam em gradual expansão e importância no tratamento clínico delas. Porém, um importante pilar que a Psicologia não pode negligenciar são suas outras duas importantes missões: 1) tornar a vida das pessoas mais produtiva e satisfatória e 2) identificar/desenvolver talentos.

E para que esses dois pilares pudessem ser agregados a minha prática clínica, venho nutrindo conhecimento/práticas na Psicologia Positiva, e observando suas contribuições significativas para a psicoterapia convencional: prevenção primária (que inclui ações que reduzem ou eliminam problemas físicos e/ou psicológicos antes que aconteçam; e prevenção secundária (que inclui ações que reduzem o problema posteriormente a já ter surgido) (Corrêa, 2018).

Assim, considerando aplicações da Psicologia Positiva na psicoterapia, podemos beneficiar as pacientes com recursos positivos, a partir do trabalho com as emoções positivas, auxiliar na mudança de estruturas cognitivas pessimistas para otimistas, estimular resiliência para enfretamento do dia a dia, desenvolver habilidades com forças de caráter para as queixas apresentadas pelas pacientes, usar intervenções que fomentem práticas de mudanças favorecedoras de alívio ao estresse sintomático por meio da valorização do bem-estar e ampliação das competências emocionais das mulheres para lidarem com seus desafios no dia a dia. (Seligman, 2011).

Neste capítulo, evidenciarei alguns aspectos de um breve estudo de caso clínico com uma paciente (prevenção secundária), que podem beneficiar as qualidades humanas para melhorias no sofrimento mental das mulheres na clínica psicológica. O objetivo principal é refletir que há espaço na psicoterapia como um contexto no qual os princípios teóricos/ práticos da Psicologia Positiva podem gerar resultados significativos, favorecendo o desenvolvimento de pessoas, em particular mulheres mais felizes.

União que Potencializa: Modelos de Psicoterapia em Psicologia Positiva e Terapia Cognitivo-Comportamental

Primeiramente, é importante ressaltar que os modelos de Psicoterapia em Psicologia Positiva propõem a construção de emoções positivas, engajamento e propósito de vida. Porém, não visam substituir as psicoterapias tradicionais, mas agregar às práticas psicoterápicas um olhar para que as pacientes possam explorar e manejar suas forças e potencialidades com elevação de competências emocionais, ao lidar com seus sofrimentos cotidianos (Kuyken; Padesky; Dudley, 2018).

Dentre as três teorias mais relevantes das intervenções psicoterapêuticas em Psicologia Positiva, 1) Psicoterapia Positiva (PPT); 2) Terapia do Bem-Estar; 3) Terapia da Qualidade de Vida, destacarei a primeira, proposta por Tayyab Rashid e Martin Seligman (2019).

A PPT se desenvolveu na aplicação clínica com pacientes em depressão, mas progressivamente pesquisas foram fundamentando sua aplicabilidade para outros casos clínicos de acometimentos na saúde mental dos pacientes. Ela tem por base o modelo de felicidade proposto por Seligman (2004), que sugere três caminhos para a felicidade: uma vida prazerosa, engajada e com propósito.

Os teóricos argumentam que uma vida sem esses três fatores está associada às causas de depressão e não somente às suas consequências. Para eles, o humor pode ser tratado para além da supressão de afetos negativos com a elevação de emoções positivas, engajamento e propósitos de vida, inseridos na rotina das pacientes com intervenções em PPT. A proposta da modelagem com a PPT tem um total de 14 sessões, tendo, cada uma, um foco específico e tarefas para o paciente realizar em casa. Além disso, quando associadas a uma linha de tratamento clínico da Psicologia (como no caso clínico que será descrito com protocolo da Teoria Cognitiva Comportamental) podemos ver resultados satisfatórios na adesão ao tratamento durante o processo, assim como efetividade na progressão das pacientes após a finalização.

Na interface com a Terapia Cognitiva (TC), que tem sido a base da linha psicológica na proposta clínica e caso apresentado aqui, podemos ressaltar que três proposições fundamentais definem as características que estão no núcleo da Terapia Cognitiva: 1) a atividade cognitiva pode ser monitorada e alterada; 2) a atividade cognitiva influencia o comportamento; 3) o comportamento desejado pode ser influenciado mediante a mudança cognitiva.

Na TC, o trabalho é focalizado em identificar e corrigir padrões de pensamentos conscientes e inconscientes (que não estão imediatamente acessíveis à consciência). Na medida em que o indivíduo se depara com novas situações, o pensamento tenta extrair as padronizações percebidas de cada acontecimento, transformando as similaridades detectadas em padrões gerais de interpretação. Objetivo principal: produzir mudanças nos pensamentos e nos sistemas de crenças dos clientes, evocando uma transformação emocional e comportamental duradoura e não apenas um decréscimo momentâneo. Ensina o paciente a "pensar sobre o seu pensamento" (Beck, 2022).

O raciocínio clínico na TCC é estruturado a partir de uma formatação de conceitualização cognitiva: "Uma conceitualização cognitiva é o fundamento da Terapia Cognitivo Comportamental" (Beck, 2022, p25). Esse raciocínio clínico começa a ser construído desde o primeiro encontro com a paciente, nos seguintes passos:

1) entender as pacientes, seus pontos fortes e pontos fracos, suas aspirações e desafios;

2) reconhecer como elas desenvolveram um transtorno psicológico e/ou sintomas clínicos com pensamento disfuncional e comportamento mal adaptativo;

3) fortalecer a relação terapêutica;

4) planejar o tratamento dentro e entre as sessões;

5) escolher intervenções apropriadas e adaptar o tratamento quando necessário; e

6) superar pontos de bloqueio.

Tal conceitualização pode ajudar na medida em que um plano de trabalho vai sendo elaborado em conjunto com as pacientes e as hipóteses sendo levantadas e confirmadas. É importante ajustar esse *feedback*, caso a paciente discorde de algum aspecto, o que vai contribuir para fortalecer a aliança terapêutica e a elaboração de um plano de atendimento mais efetivo. Vale destacar que faz parte da conceitualização cognitiva levantar e ajudar a compreender suas características positivas e suas habilidades. Isso pode contribuir para melhora no humor e em sua resiliência (Kuyken; Padesky; Dudley, 2010).

No caminho dessa estruturação, a proposta de união com a modelagem da PPT possui grandes interfaces e ganhos na medida em que as intervenções propostas pela PPT contribuem consideravelmente para: explorar e manejar as forças e potencialidades da paciente com elevação de consciência e competências emocionais, ao lidar com seus sofrimentos do dia a dia, e nas mulheres, como grupo social em questão aqui, o que não faltam, pelas evidências estatísticas e práticas dos consultórios, são estressores diversos tematicamente relacionados com as questões femininas, que as colocam em maior vulnerabilidade em relação a outros grupos.

Positivação do SER MULHER: um estudo de caso

Muitas são as intervenções possíveis e propostas pela PTT, para ajudar as pacientes e o psicoterapeuta no processo de reconstrução individual e elo terapêutico, em conjunto com outras abordagens como a TCC para reestruturação cognitiva, flexibilização de crenças negativas, e possíveis mudanças comportamentais ao reconectar as forças femininas e potencializar o bem-estar subjetivo, que, para Dinner e autores (2016), reflete a satisfação com a vida, afetos positivos e negativos, e a diferentes reações pessoais aos eventos na vida.

Como exemplo, apresento Vitória[1], uma paciente que iniciou seu processo num momento depois do divórcio (luto), se sentindo muito sozinha aos 52 anos, com satisfação e orgulho pela dedicação aos estudos e concursos, com sua carreira pública na área da Odontologia, mas dúvidas sobre seu futuro profissional pós-aposentadoria (qual propósito seguir) e conflitos de equipe na gestão militar. Apesar de relatar ter consciência dos problemas advindos dos conflitos com seu ex-parceiro, uma leve culpa por não ter tido filhos devido ao foco na carreira e de não estar mais satisfeita com a relação, não tinha iniciativa concreta de separação: a iniciativa foi do ex-parceiro que saiu de casa, voltando a morar em outra cidade com os pais. Ela apresentava também sintomas de depressão, medo de envelhecer, medo de ficar sozinha sem um parceiro na vida, crenças de desamparo e desamor e comportamento de desesperança. Tinha poucos amigos e a maior parte de sua família também morava numa outra cidade mais interiorana, sua mãe e irmãos, seu pai já falecido.

Na sua infância numa cidade do interior, sua criação sempre foi bem exigente, principalmente pela sua mãe, muito focada nos estudos, e sua adolescência vivida parte na casa de tios com pouca liberdade. Começou a namorar no início da juventude e permaneceu na relação narrada aqui. Poucas experiências relacionais e sexuais. Ainda nas primeiras sessões, trabalhamos técnicas de Linha do Tempo, para ajudar no seu histórico de fatos mais relevantes de sua vida, e história familiar. Estabelecemos objetivos, que ajudam a tornar explícito o que o paciente pode esperar do tratamento; ressaltamos a possibilidade de mudanças e não simplesmente para os sintomas e problemas. Nesse ponto, na soma com técnicas da modelagem da PTT, começamos com apresentação pessoal positiva e identificação de forças e virtudes a partir do VIA Survey.

Nas sessões seguintes, começamos com algumas técnicas de avaliação da TCC, ressaltando a Lista de Pensamentos (importante para verificação de crenças disfuncionais) e a Pizza da minha Vida, transportando as reflexões para a pizza ideal. Nessa fase, foi importante iniciarmos tarefas com plano de ação para áreas da vida. Nesse momento, começamos a praticar empatia, se colocar no lugar do outro, para sair de uma tendência de vitimização, trabalhar o perdão, escrevendo uma Carta do Perdão, descrevendo suas dores e, ao final, com promessas de perdão e desenvolver também algumas técnicas da PTT de gratidão, como o Diário da Gratidão. Vitória começou a sair de uma posição de vítima das circunstâncias para autora de sua jornada. Iniciamos com o Inventário de Crenças de Ellis, importante avaliação da TCC para iniciar tomada de consciência, e objetivos de mudanças ativas. Iniciamos nessa fase mais intermediária da terapia algumas técnicas de Otimismo e Esperança, trabalhar amor e apego, reconhecendo as forças pessoais também nas pessoas, em especial, em possibilidades de parceiros. Utilizamos técnicas da Árvore Familiar de Forças, que também refletem mais um exercício de reconhecimento nos outros. Ela passou a ter mais consciência sobre seu propósito de vida.

Seu plano de trabalho com base na TCC foi ampliando-se: com Ativação Comportamental, Manejo das Emoções, Reestruturação Cognitiva e Treinamento de Habilidades Sociais. A paciente começou a engajar em técnicas da PPT para saborear o momento, com o objetivo de aumentar a intensidade e duração das emoções positivas e prazerosas. Foi organizando sua rotina, com planejamento e algumas técnicas de *mindfullness* sugeridas no protocolo PPT, e **técnicas de assertividade, e solução de problemas, que geram maior engajamento em mudanças comportamentais.**

Vitória começou a voltar a sair, apesar de dois trabalhos consumirem muito sua rotina, a socializar, buscando ampliar redes de amigos e possibilidades de relacionamentos, viajar com grupo de amigas, enfrentou com mais habilidades socioemocionais mudanças no trabalho, problemas na equipe de liderança, e mesmo com medo encarou os desafios, teve um relacionamento com um colega de trabalho mais jovem, que, durante um período, foi muito bom para elevar sua autoestima, ampliar experiências sexuais, e ter uma parceria, mas, depois de um tempo, ele expressava traços abusivos, e se afastou dela por um outro relacionamento. Nessa fase, houve recaídas no processo terapêutico, e utilizamos algumas técnicas da TCC de Manutenção dos ganhos e prevenção de recaídas, reforçando a paciente pelo seu progresso, buscando enfatizar que ela mesma proporcionou as mudanças no seu modo de pensar e agir. É interessante preparar o paciente para as recaídas, dando-lhe exemplo dos pensamentos disfuncionais e respostas racionais para tais situações, e marcando sessões de reforço, sendo muito eficaz que o terapeuta prepare, juntamente com o paciente, uma síntese das técnicas (habilidades) aprendidas no decorrer da terapia, que o paciente considere apropriadas, contendo dificuldades experienciadas por um paciente e ao lado técnicas para lidar com elas.

Em consequência, mais uma fase de grandes aprendizados e superações: Vitória mudou de local de trabalho, não tem mais contato com o relacionamento abusivo, desvinculando-se também da equipe/liderança com que tinha conflitos, tem disciplina na sua rotina, principalmente com atividades físicas, encarou medos e se manteve engajada no seu processo terapêutico, buscou recursos para melhorar sua autoestima, com uma gestão de imagem, conseguiu ampliar sua liberdade, fazendo coisas sozinha, lidando melhor com seus medos, passou em cursos internos na corporação militar que elevaram sua patente, se formou especialista na sua área de gestão pública, e passou a falar com maior orgulho de si mesma.

Considerações Finais

Podemos dizer, diante deste caso, que as mulheres podem se beneficiar das suas qualidades humanas para melhorias no sofrimento mental na clínica psicológica, com modelagens psicoterapêuticas da Psicologia Positiva associadas à clínica com a Terapia Cognitiva Comportamental. A PPT possibilita o resgate de forças criativas femininas, e contribui para um estado de bem-estar, autossatisfação e florescimento. Podem ter foco na vida presente, sem desconsiderar as vulnerabilidades e sofrimento humano, que, em conjunto com a TCC, tem a possibilidade de aumentar sua capacidade de enfrentar as adversidades com a restruturação cognitiva, reconhecendo suas características positivas e suas habilidades psicossociais. Isso pode contribuir para melhora do quadro sintomático e em sua resiliência.

Assim, podemos transformar sua existência num caminho de florescimento.

Capítulo 11

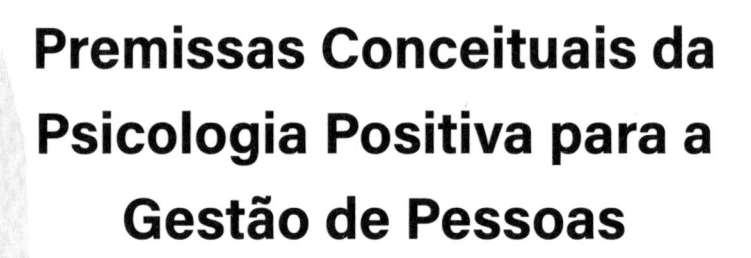

Premissas Conceituais da Psicologia Positiva para a Gestão de Pessoas

Selma Fernandes

INSTAGRAM

Executiva Sênior de Recursos Humanos, com vasta experiência em liderar projetos de transformações culturais e gestão de pessoas em empresas como Vibra Energia, Grupo Globo, Dentsply Sirona e Coca-Cola. Formada em Pedagogia com MBA pela COPPEAD, é certificada em Coaching pelo Integrated Coaching Institute e em Transformação Cultural pelo Barrett Values Center. Completou sua formação com uma pós-graduação em Psicologia Positiva pela PUC-RS e em Personal Branding pela Ecole Supérieure de Relooking. Atua também como consultora de Carreira e Personal Branding, empregando práticas de autoconhecimento e desenvolvimento pessoal para potencializar profissionais no mercado.

O mundo do trabalho, já marcado por uma evolução constante, viu sua dinâmica acelerada pelos desdobramentos da era digital e pelos impactos duradouros da pandemia global. A tecnologia reformulou as fronteiras tradicionais, expandindo o escopo de atuação profissional para além do convencional e introduzindo novas formas de conexão e colaboração. Simultaneamente, o período pós-pandêmico demandou uma reconfiguração das relações de trabalho, trazendo à tona a necessidade de espaços corporativos mais adaptáveis, empáticos e resilientes.

Nesse contexto de mudanças rápidas e transformações profundas, a área de Recursos Humanos (RH) enfrenta o desafio de promover não apenas a eficiência e o desempenho, mas também de cultivar o bem-estar e a satisfação dos colaboradores.

Profissionais de RH, agora mais do que nunca, necessitam estar preparados para serem os arquitetos de uma nova cultura organizacional — uma que equilibre as demandas de um ambiente de trabalho digitalizado com as expectativas humanas de interações significativas e apoio contínuo. O bem-estar do colaborador e o sucesso da empresa estão interligados, e a habilidade de fomentar um ambiente corporativo saudável se tornou um diferencial estratégico crucial.

Este capítulo tem como objetivo apresentar alguns conceitos e práticas da Psicologia Positiva aplicáveis ao contexto da Gestão de Pessoas, como premissas conceituais produtivas, com ênfase especial na mentoria como ferramenta de desenvolvimento. Refletiremos como essas abordagens podem ser utilizadas para capacitar os profissionais de RH a responderem aos desafios da era digital e às mudanças nas relações de trabalho, contribuindo assim para a criação e manutenção de ambientes de trabalho mais felizes, leves e produtivos.

Trabalho e Felicidade

O paradigma tradicional, que vinculava o sucesso profissional ao avanço hierárquico e ao acúmulo de benefícios econômico-financeiros, está sendo reconfigurado. A pesquisa "Carreira dos Sonhos", de 2023, da Cia de Talentos, capturou uma mudança essencial nas aspirações de carreira: a valorização crescente da liberdade de escolha. Essa tendência reflete um movimento em direção à autonomia, no qual estabilidade e sucesso não são mais os únicos pilares de uma carreira desejável. Em vez disso, há um impulso crescente para que as trajetórias profissionais se alinhem com os valores pessoais e contribuam para um sentido mais profundo de propósito.

A Psicologia Positiva oferece uma lente pela qual podemos reavaliar e remodelar a cultura do trabalho. Mihaly Csikszentmihalyi, introduzindo a teoria do fluxo em 1990, iluminou o valor de estar totalmente imerso e envolvido nas tarefas de trabalho, identificando um estado de profundo engajamento no qual alegria e criatividade prosperam. Martin Seligman, considerado um dos pais fundadores da Psicologia Positiva, formulou em 2011 os cinco pilares do bem-estar, conhecidos pelo acrônimo PERMA: emoções positivas, engajamento, relacionamentos, significado e realização, sendo cruciais não só para o bem-estar pessoal, mas também para a vitalidade e a saúde das organizações.

Barbara Fredrickson, que desenvolveu a Teoria Broaden-and-Build em 2001, expande essa visão ao demonstrar que as emoções positivas alargam nosso pensamento e estimulam a construção de recursos psicológicos, sociais e físicos. Essa teoria tem implicações profundas para o ambiente corporativo, indicando que sentimentos positivos no trabalho podem resultar em equipes mais criativas, flexíveis e resilientes.

A felicidade no local de trabalho deve ser abordada como uma estratégia-chave para ajudar a superar barreiras organizacionais. Longe de mascarar as realidades corporativas, ela se apresenta como uma abordagem proativa para enfrentar os desafios do negócio, servindo como um catalisador para revitalizar o compromisso com os objetivos da empresa. Em um ambiente empresarial que valoriza a felicidade, os colaboradores são incentivados a expandir suas habilidades e a inovar, impulsionando a empresa rumo a uma produtividade sustentável.

Shawn Achor (2010) vai além ao sugerir que a felicidade antecede o sucesso. Segundo ele, trabalhadores contentes não só se destacam em suas funções, como também propiciam um clima positivo que reverbera em toda a organização.

Portanto, alinhar as políticas e as práticas de Gestão de Pessoas com os princípios da Psicologia Positiva busca transformar a felicidade de um estado subjetivo para um objetivo tangível, integrando-a como uma dimensão crítica do desempenho organizacional. O investimento em ambientes de trabalho que promovam a felicidade torna-se, então, uma decisão estratégica, baseada em evidências que associam o bem-estar emocional dos colaboradores a uma maior produtividade, criatividade e lealdade à empresa.

Nic Marks, estatístico premiado e palestrante reconhecido do TED, tem-se dedicado ao estudo da felicidade e do bem-estar por mais de 25 anos, desenvolvendo uma metodologia focada e eficaz para aprimorar a experiência dos funcionários nas empresas. Fundador da Friday Pulse, Marks propõe uma nova abordagem para construir equipes engajadas e de alto desempenho. Ele sustenta que a felicidade é um indicador-chave de desempenho (KPI) para as pessoas, capaz de prever se equipes, organizações e até nações estão construindo um futuro melhor. Marks enfatiza a importância de líderes e funcionários se envolverem ativamente no registro e na promoção do estado mental coletivo da organização, argumentando que a atenção à felicidade no trabalho é essencial para o sucesso empresarial sustentável.

Em resumo, a felicidade no trabalho, respaldada por uma base científica sólida e reforçada pelas melhores práticas de gestão de pessoas, é uma estratégia que ilumina o caminho para a excelência organizacional, atraindo e mantendo talentos, estimulando o desempenho e garantindo um ambiente de trabalho dinâmico e inovador.

Nesse contexto, o papel do RH é se tornar um catalisador para uma cultura de trabalho positiva. Isso envolve repensar políticas e procedimentos para se concentrar mais no potencial humano e na cultura da empresa, reforçando o seu papel essencial de construtores de um ambiente corporativo que prioriza o bem-estar, a felicidade e a produtividade.

O Papel do RH

Minha trajetória como Executiva de RH foi marcada pela liderança em transformações significativas em grandes corporações, sendo minha abordagem sempre pautada pela convicção de que o bem-estar e a realização profissional são fundamentais para o sucesso organizacional. Minha jornada tem sido guiada por uma crença central: trabalho e prazer, alegria e emoção são componentes indispensáveis para um ambiente de trabalho onde as pessoas não apenas prosperam, mas também se sentem valorizadas.

O profissional de RH atua ativamente em cada fase da experiência do colaborador na empresa. Esse envolvimento começa já no recrutamento e seleção, estende-se pela integração e evolução de carreira, e segue até o momento da transição de saída. Em todos esses momentos, o papel desempenhado pelo RH é decisivo para cultivar e manter uma cultura organizacional que seja ao mesmo tempo acolhedora e orientada para a alta performance, e, por isso, sempre implementei programas de desenvolvimento para as equipes de RH que trabalhavam comigo, com o objetivo de torná-los agentes proativos na promoção de um ambiente de trabalho no qual o cuidado com as pessoas é tão crítico quanto a atenção aos resultados.

É aqui que a Psicologia Positiva, com seu rico repertório de estratégias para identificar e cultivar o que há de melhor nos indivíduos e equipes, se revela mais do que relevante, e sim indispensável.

Ao capacitar os profissionais de RH com esses princípios, fortalecemos suas capacidades para enfrentar desafios e também para prosperar neles, preservando a integridade pessoal e profissional. Eles se tornam especialistas em gerir e, além disso, melhorar a qualidade do ambiente de trabalho, assegurando que o cuidado com as pessoas seja genuíno e que o bem-estar emocional e a realização profissional caminhem de mãos dadas.

Um programa de mentoria bem estruturado é, portanto, essencial. Deve trabalhar o fortalecimento de relações interpessoais positivas, e o desenvolvimento das forças de cada indivíduo na promoção de resiliência, empregando táticas eficazes para a gestão emocional e a construção de estratégias que fomentem tanto o avanço pessoal quanto profissional.

Ao final, o que buscamos é uma sinergia na qual os profissionais de RH possam aplicar seus conhecimentos e habilidades para benefício de todos na organização. Com a ciência da Psicologia Positiva como alicerce, eles têm a oportunidade não só de administrar mudanças, mas de liderá-las, influenciando positivamente a trajetória de toda a empresa e criando um legado de saúde corporativa, satisfação e sucesso sustentado.

Ferramentas da Psicologia Positiva Aplicadas à Mentoria para RH

À medida que o ambiente corporativo avança, o conceito de mentoria evolui. Hoje, essa prática abrange uma variedade de abordagens direcionadas ao desenvolvimento profissional e uma de suas vertentes é a mentoria de grupo, diferentemente do aconselhamento individual. Essa opção cria um cenário sinérgico no qual o desenvolvimento profissional é simultaneamente personalizado e coletivo. Esse formato combina as vantagens do suporte personalizado de um mentor experiente com a riqueza de perspectivas que emerge da interação em grupo. Essa dinâmica facilita não só o crescimento individual, como também promove uma cultura de aprendizado compartilhado, por meio da qual cada membro contribui e beneficia-se do conhecimento coletivo.

Ao alinhar a mentoria de grupo com os princípios da Psicologia Positiva, aprimoramos ainda mais seu potencial de transformação. Incorporamos exercícios e reflexões que enfatizam as forças e virtudes de cada membro, bem como a importância da resiliência e do otimismo no ambiente de trabalho. Essa abordagem estimula o engajamento, a motivação e ainda fortalece a capacidade de lidar com os desafios do mundo organizacional.

A Psicologia Positiva não apenas enriquece o conteúdo da mentoria, mas também a forma como ela é conduzida. As sessões de grupo tornam-se espaços onde a positividade é discutida, vivenciada e praticada. Os membros do grupo são encorajados a celebrar os sucessos uns dos outros e a construir um suporte mútuo, que serve como uma fonte de resiliência coletiva.

A mentoria pode ser construída com foco para o cultivo consciente das forças de caráter inerentes a cada indivíduo. Esse enfoque é ancorado na teoria desenvolvida por Christopher Peterson e Martin Seligman, que, em 2004, apresentaram ao mundo uma nova maneira de entender o caráter humano, por meio do VIA, uma classificação sistemática das virtudes e forças pessoais que constituem nossos traços mais nobres.

A taxonomia criada por Peterson e Seligman identifica 24 forças de caráter que se alinham sob seis virtudes. Essas virtudes — sabedoria, coragem, humanidade, justiça, temperança e transcendência — são as colunas que suportam uma vida plena e satisfatória. Cada força associada a essas virtudes atua como um alicerce no desenvolvimento do potencial humano. Ao mobilizar essas forças inerentes, indivíduos e equipes podem alavancar seu potencial ao máximo, trazendo benefícios palpáveis em múltiplas áreas da vida e do trabalho. O uso intencional dessas forças fortalece a autoestima e o desenvolvimento pessoal, assim como cultiva relacionamentos mais robustos e colaborativos, impulsiona o alcance de metas e fornece as ferramentas para gerenciar desafios e estresse de maneira eficaz, promovendo uma resiliência duradoura diante das adversidades da vida.

Ao participar de uma mentoria estruturada com ênfase nessas forças e virtudes, os profissionais de RH engajam-se em um processo valioso de autoconhecimento. Eles aprendem não apenas a reconhecer suas próprias qualidades, mas também como estas podem ser empregadas estrategicamente para melhorar sua comunicação e compreensão dos outros, essenciais nas interações diárias com colaboradores e na mediação de relações organizacionais.

Quando os profissionais de RH aplicam suas forças de caráter no trabalho, o resultado é uma comunicação mais efetiva e uma leitura mais acurada das necessidades e expressões dos colaboradores e da própria organização. Esse entendimento profundo se traduz em intervenções mais precisas e em um suporte que respeita a individualidade e promove o engajamento e a motivação.

O reconhecimento e o desenvolvimento dessas forças, orientados por uma mentoria fundamentada na Psicologia Positiva, equipam os profissionais de RH com uma linguagem comum de virtudes que podem ser aplicadas na prática. Ao focar em forças como a liderança, baseada na virtude da justiça, ou a capacidade de manter uma visão otimista e esperançosa, derivada da transcendência, a equipe de RH é capaz de conduzir processos de mudança e desenvolvimento com maior eficácia e humanidade.

Assim, a mentoria baseada na identificação das forças de caráter se revela um instrumento essencial na construção de equipes de RH resilientes, comunicativas e profundamente alinhadas com os valores da empresa. Ao fazer isso, os profissionais realizam suas funções com competência e contribuem para um ambiente organizacional que valoriza e nutre o bem-estar de todos.

Conclusão

Em suma, este capítulo nos levou a explorar a intersecção enriquecedora entre a Psicologia Positiva e a prática da mentoria em Recursos Humanos. Vimos como as forças de caráter e virtudes, fundamentadas nas pesquisas pioneiras de Peterson e Seligman, fornecem mais que um vocabulário para a excelência humana, mas a sua aplicação prática, que pode elevar tanto a experiência individual quanto o sucesso organizacional.

Reconhecemos que o ambiente corporativo está em constante evolução e, com ele, o papel vital dos profissionais de RH. O processo de mentoria baseado na Psicologia Positiva, especialmente em grupo, oferece um caminho valioso para o desenvolvimento de equipes, acelerando o crescimento profissional e fomentando relacionamentos mais fortes.

Os benefícios decorrentes da incorporação das forças de caráter no ambiente de trabalho são inúmeros e significativos. Desde a elevação da autoestima e melhoria da comunicação interna até a gestão eficaz de estresse e problemas, fornecendo um suporte estruturado e consistente, crucial para a adaptação às dinâmicas do mercado de trabalho atual.

À medida que concluímos este capítulo, fica evidente que investir em programas de mentoria baseados na Psicologia Positiva não é apenas investir nos indivíduos, mas na saúde e no futuro da própria organização. Profissionais de RH que compreendem e aplicam suas forças e virtudes não apenas alcançam seu próprio potencial, mas também inspiram e facilitam o mesmo nos outros, contribuindo para uma cultura corporativa na qual o bem-estar e a excelência andam de mãos dadas.

Capítulo 12

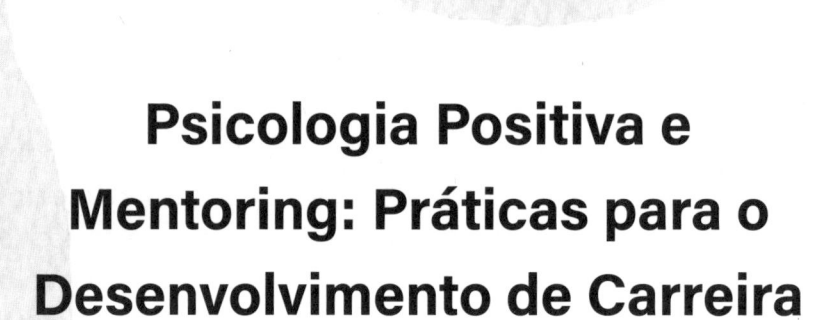

Psicologia Positiva e Mentoring: Práticas para o Desenvolvimento de Carreira

Maria da Penha Silva dos Santos

Psicóloga Organizacional (UNIPE). Pós-graduada em Desenvolvimento Humano e Psicologia Positiva (IPOG). Pós-graduada em Gestão de Pessoas, Competências, Indicadores e Coaching (IPOG). Pós-graduanda em Customer Experience e Employee (Conquist Consultoria/Centro Universitário Celso Lisboa). Certificada em Mentoring Autêntico (Erlich & Associados). Formação em Positive Practitioner & Trainer; Strengths Mentor e Happiness Mentor (Instituto Felicidade Agora é Ciência - IFAC). Mais de 30 anos de experiência em gestão de pessoas e desenvolvimento humano. Idealizadora do Método Carreira Apreciativa. Atua como mentora de carreira em RH e Liderança.

O mundo do trabalho sugere um ciclo contínuo de aprendizado para que as pessoas se permitam desaprender para aprender de novo e, ao mesmo tempo, reflitam sempre o porquê aprender de novo e não parem de desbravar o como aprender e, ainda, o que entregar para si mesmo e para o mundo.

Para José Souza Dutra, "o protagonismo é assumir a iniciativa de pensar o desenvolvimento a partir de nós mesmos, ou seja, um movimento de dentro para fora, respeitando o que somos e no que acreditamos" (Dutra, 2019, p.55).

De alguma forma, assumir a iniciativa de agir de forma consciente na construção de que o projeto de carreira seja o ponto mais relevante e desafiador para as pessoas perceberem e sentirem a necessidade de adaptação a essa nova realidade do mundo do trabalho.

Para atender a essas perspectivas de protagonismo no mundo do trabalho, idealizei uma modelagem de mentoria de carreira, utilizando, além da escuta ativa, relacionamento e experiência, práticas e intervenções das virtudes e forças de caráter, considerada a espinha dorsal da Psicologia Positiva.

Nesse contexto, este capitulo aborda as bases científicas e as experiências vivenciadas no processo de mentoria, práticas e intervenções da Psicologia Positiva utilizadas na composição do método Carreira Apreciativa, enfatizando os benefícios e contribuições que o entendimento das qualidades humanas trouxe de forma relevante para minha jornada como mentora profissional.

A Arte de Experimentar

Em 2018 iniciei o MBA Executivo em Desenvolvimento Humano e Psicologia Positiva, no qual aproveitei a oportunidade de conhecer a Psicologia Positiva como ciência e, a partir desse momento, me encontrei como profissional alinhada com o meu propósito e ressignifiquei a minha jornada profissional.

De acordo com Snyder e Lopes (2009), "a Psicologia Positiva é o enfoque científico e aplicado da descoberta das qualidades das pessoas e da promoção de seu funcionamento positivo" (Snyder; Lopez, 2009, p. 17).

Nesse sentido, mediante a possibilidade de descobertas das forças humanas, observa-se o quanto as pessoas criam e recriam a sua jornada de florescimento humano.

> O que há de certo com as pessoas? Essa interrogação está no centro da psicologia positiva, que é o enfoque científico, é o enfoque da descoberta das qualidades das pessoas e da promoção de seu funcionamento positivo (Snyder; Lopez, 2009, p.17)

Dessa forma, o que há de certo com as pessoas na prática? Na minha experiência com mentoria de carreira antes de conhecer a Psicologia Positiva, percebi que havia muitos questionamentos. Por mais que o perfil de competências fosse explorado, existiam alguns pontos cegos na jornada, que só descobri em mim mesma, quando vivenciei as minhas virtudes e forças pessoais.

E, a partir dessa experiência, observa-se que a Psicologia Positiva está alicerçada em evidências científicas, e quando aplicada ao *Mentoring* traz uma contribuição significativa no quesito de potencialização e valorização do que há de melhor no mentorado.

O começo de tudo

Para melhor compreensão do tópico anterior, é importante compreender que a Psicologia Positiva e *Mentoring* estão interligados de forma direta, um complementando o outro pelo relacionamento de confiança. No processo de *Mentoring* o estabelecimento do elo consistente de autenticidade entre as partes envolvidas é essencial para provocar o aprendizado e reconhecimento das forças pessoais que bem desenvolvidas no processo impactam a evolução da jornada de carreira do mentorado.

> O mentor habilidoso deve ser capaz de propiciar as condições ambientais necessárias ao seu mentorado, sem negar ou ignorar as crenças dele. Isso lhe permitirá evoluir para um estado mental mais enriquecedor, sendo capaz de absorver conhecimentos e de ver-se de maneira construtivamente crítica (Bernhoeft, 2014, p.14).

A importância do relacionamento como base essencial no processo de mentoria e, consequentemente, os inúmeros benefícios provenientes da experiência do mentor e a conexão com as intervenções e práticas da Psicologia Positiva geram segurança e confiabilidade na construção da jornada do autoconhecimento, coadunando com a evolução da carreira do profissional mentorado.

Desse modo, a modelagem do processo de mentoria de carreira em pauta tem como objetivo essencial nutrir o autoconhecimento como ponto de partida para o desenvolvimento das qualidades humanas, consideradas convergentes e estimuladoras para o florescimento humano.

De acordo com Martin Seligman (2019), "o objetivo da Psicologia Positiva é plural e significativamente diferente, definida pelo aumento da quantidade de florescimento na vida das pessoas e no planeta" (Seligman, 2019, p.37).

O que se percebe é que a maioria dos profissionais almeja ter uma carreira com bem-estar e qualidade de vida, mas a construção de uma carreira é um processo muito pessoal e subjetivo. Uma vez que a aplicação da temática da Psicologia Positiva comprova cientificamente que as pessoas felizes terão mais oportunidades de potencialização de seu bem-estar e, consequentemente, o florescimento humano, promover a construção de carreira à luz da Psicologia Positiva tem muito a oferecer.

Logo que conluí a minha formação no MBA em Psicologia Positiva no Instituto de Pós-graduação e Graduação (IPOG) e Formação em Mentor em Forças de Caráter no Instituto Felicidade Agora é Ciência (IFAC), iniciei na prática de mentoria de carreira utilizando práticas e intervenções da Psicologia Positiva, o que agregou muito valor na ideação e construção de novos caminhos no meu desenvolvimento como mentora de carreira.

Para o Ryan Niemiec, "um praticante pode ver intervenções como 'atividades intencionais' com as forças de caráter nos níveis comportamental, interpessoal, emocional e/ou cognitivo" (Niemiec 2019, p. 249).

Reiterando o posicionamento do autor, considero que a consciência sobre as forças de caráter será oportunidade de grande valor para muitos profissionais que iniciam seus sonhos profissionais, buscando alinhamento do perfil à performance para atuar com eficácia e atingir os objetivos do mercado, da função exercida e o resultado esperado pela organização.

O Programa de Mentoria de Carreira é baseado em quatro etapas que contemplam, no total, em média 15 encontros de uma hora.

Primeira Etapa: Trilhando a jornada do Autoconhecimento

Na primeira etapa de mentoria, o/a mentorado(a) é conectado/a com o *assessment* VIA SURVEY, acessando as seis virtudes e 24 forças de caráter.

O relatório apresenta o *ranking* individual das 24 forças de caráter do respondente. De posse do relatório das virtudes e forças de caráter, inicialmente focamos nas forças de assinaturas, ou seja, as forças que melhor representam o seu EU para expressar os seus pensamentos, sentimentos e comportamentos no cotidiano de suas ações, contribuindo para que o mentorado seja o que há de melhor em si mesmo.

Segundo Niemiec (2021, p.35), as forças de caráter refletem nosso "ser" básico como seres humanos e o nosso "fazer", ou seja, o bem que oferecemos ao mundo. Ser e fazer dão sentido de relevância para elevar o trabalho com as forças de caráter, entender quem somos com autenticidade e praticar ações com a finalidade de trazer benefícios para si e para os outros, levando em consideração a necessidade de cada um em busca dos seus objetivos pessoais e profissionais.

> O perfil das forças de caráter de um indivíduo pode ser utilizado como um guia para facilitar o alinhamento com o trabalho. As pesquisas têm apoiado isso, revelando uma conexão entre os perfis das forças de caráter e o papel do ambiente de trabalho ou a função que o indivíduo considera mais engajadora e satisfatória (Niemiec, 2019, p. 120).

A abordagem das virtudes e forças de caráter nos encontros de mentoria de carreira traz um grande diferencial no processo de contribuição com o florescimento do mentorado. As forças são consideradas preditoras de bem-estar e estão relacionadas ao aumento da felicidade, satisfação no trabalho e produtividade. Para atender a essa expectativa, o mentorado experimenta práticas e intervenções devidamente validadas para saborear suas forças e melhorar o seu desempenho e, consequentemente, elevar a sua performance para uma vida de realizações.

Mediante o que foi exposto, vale ressaltar que o processo de orientação de mentoria de carreira nessa primeira etapa contempla quatro encontros, sendo utilizado:

- Relatório das Virtudes e Forças de Caráter;

- Utilização dos Cards - Power Questions Forças de Caráter (Idealizado por Andréa Perez e publicado pela Editora Leader); e

- Por "Inventário de Bem-Estar no Trabalho" (de autoria de Siqueira, M. M. M., Orengo, V. & Peiró, J. M, publicado em 2014).

Segunda Etapa: Autoconsciência é chave do equilíbrio

A autoconsciência é uma habilidade fundamental e essencial para qualquer pessoa interessada no desenvolvimento pessoal autêntico.

A chave para desenvolver a autoconsciência é o equilíbrio com a prática consciente do que impulsiona o nosso pensamento e comportamento.

> A função da consciência é representar a informação sobre o que está acontecendo dentro e fora do organismo de maneira que possa ser avaliada pelo processamento para sensações, percepções, sentimentos e ideias, estabelecendo prioridades entre todas as diversas informações (Csikszentmihalyi, 2020, p. 37).

Nesse contexto, a autoconsciência denota ser um processo interno e complexo, que envolve diferentes aspectos no campo mental e físico do ser humano. Considerando que mesmo que autoconhecimento e autoconsciência sejam diferentes, caminham lado a lado contribuindo com a potencialização da performance do mentorado.

Depois que o mentorado entende como pensa, age e se comporta a partir da autoconsciência, compreende porque existe, como potencializar o seu melhor e o que disponibilizar a serviço do outro e da humanidade.

O processo de orientação de mentoria nessa segunda etapa contempla três encontros, sendo utilizado: Forças de Assinaturas; Prática Tomando Posse (Corrêa, 2019); Utilização dos Cards – Upgrade Positivo com Investigação Apreciativa (Idealizado por Andréa Perez e publicado pela Editora Leader).

Terceira Etapa: Autoeficácia

De acordo com Albert Bandura (1977), "autoeficácia é a crença da pessoa em sua capacidade de produzir efeito desejado por meio de sua própria ação". Na prática é perceptível que as crenças das pessoas determinam o seu nível de desempenho quanto à realização bem-sucedida de uma determinada meta.

Durante o processo de mentoria de carreira, o mentorado direciona habilidades e esforços pessoais com autoconfiança para agir em prol dos objetivos planejados, ou seja, além de acreditar que pode alcançar os seus sonhos, percebe que é possível realizá-los por meio de suas próprias capacidades.

Quando o mentorado sente o quanto é capaz de "fazer as coisas acontecerem", isso se torna uma fase fundamental para gerar resultados sustentáveis na composição do propósito de vida e carreira.

O processo de mentoria nessa terceira etapa contempla dois encontros, sendo utilizado: A escala de Autoeficácia Geral (Pacico, J. C.; Ferraz, S. B.; Hutz, C. S. (2014); Autoeficácia – "Yes We Can". (In: Hutz, C. S.).

Quarta Etapa: Construção do Propósito e Plano de Desenvolvimento de Carreira

Nessa etapa, o mentorado se encontra num processo de reconhecimento das forças que representam o seu melhor EU. Compreende o seu lugar no presente e visualiza como será o seu mundo quando disponibilizar o que tem de melhor a serviço de seus objetivos e da humanidade.

Segundo Seligman(2019), o sentido tem uma relação autêntica com o propósito, sendo um dos elementos da Teoria do Bem-Estar, que transborda o indivíduo e diz respeito a algo maior. Sem dúvida, essa é a trilha mais sustentável para se conseguir ser a transformação que se quer no mundo.

Nessa etapa do processo de mentoria, o mentorado revisita o motivo de estar trilhando a jornada de carreira apreciativa, apreciando as forças de assinaturas (Essenciais – Espontâneas – Energizantes), o sentido de cada passo direcionado para as conquistas que serão realizadas ao longo do caminho.

O processo de orientação de mentoria nessa terceira etapa contempla quatro encontros, sendo utilizado: Matriz S.O.A.R (Jacqueline M. Stavros e Gina Hinrichs, 2009); PDI – Plano de Desenvolvimento Individual; Projeto de Carreira.

Conclusão

O Programa de Mentoria de Carreira com a contribuição da Psicologia Positiva, desenvolvido durante o período da pandemia COVID-19, teve como base a minha experiência, utilizando o reconhecimento das Virtudes e Forças de Caráter, consideradas preditoras do bem-estar. A partir desse encontro com o melhor EU, consegui dar um grande salto na minha carreira e com esse cenário de sucesso venho aplicando em outros profissionais desde 2020, com os quais consolidei dados relevantes e impactantes com a utilização das práticas e contribuições da

Psicologia Positiva aplicada ao processo de *Mentoring* no desenvolvimento de carreira.

Os resultados alcançados com aplicação da Psicologia Positiva e *Mentoring* são exponenciais, uma vez que os partiicpantes do processo fortalecem seus recursos internos e evoluem notoriamente na carreira.

Foi o que expressou Hérika Barreto[1], Gerente de Recursos Humanos, em Natal, Rio Grande do Norte: "Percebi que precisava ter um norte na minha carreira e um caminho definido a trilhar e por isso busquei a mentoria de carreira, onde pude me conhecer melhor, entendendo minhas forças pessoais através de uma metodologia muito eficiente, me tornando uma profissional mais confiante, determinada e com foco, com isso me ajudou a alcançar meu objetivo de crescimento na carreira, podendo hoje oferecer o meu melhor na implantação de um RH mais estratégico e humanizado".

Por sua vez, Flávia Tabosa[2], Gerente de Marketing, em João Pessoa, Paraíba, relatou: "A consciência do nosso caráter profissional muitas vezes é moldada por perspectivas enviesadas. Com a mentoria, esse cenário mudou ao ser submetida a um método científico para meu autoconhecimento. Potencializei meus talentos, contribuindo para o sucesso do meu setor e desenvolvimento geral da empresa. Hoje, atuo de maneira consciente, inspirada e marcante, utilizando plenamente o que há de melhor em mim".

Nesse contexto, fica evidente que todo processo de transformação começa pelo autoconhecimento, autoconsciência e autoeficácia, desde que sejam agregadas ao processo práticas e intervenções devidamente validadas cientificamente.

---

[1] Termo de Autorização e Consentimento
[2] Termo de Autorização e Consentimento

Assim, o mentorado constrói a carreira com uma base mais sustentável para uma vida longa e saudável, apreciando seus recursos internos e investindo no que há de melhor em si mesmo, ou seja, trilhando um caminho para transformação de dentro para fora para atingir uma vida com significado.

Conclusão

Tecer considerações conclusivas de uma obra de coautoria é sempre um desafio muito grande, e, na maioria das obras, essa é uma parte descartada por muitos organizadores; isso é o padrão.

Contudo, ao realizar a organização do livro em todas as suas partes, depois de passar meses trabalhando - nas inúmeras revisões, nas reuniões de esclarecimento, nas melhores construções estilísticas, na verificação de dados e referências, no acolhimento das situações pessoais de autores, na coleta dos materiais necessários, no acompanhamento do projeto editorial - a sensação mais significativa para mim é o quanto isso só é possível quando nos abrimos a estar com o outro, aprender de forma inclusiva, respeitar os valores pessoais, se emocionar com cada narrativa, perceber o idealismo e o amor dos autores pelo que fazem. De alguma forma, é acessar nossa humanidade no trato com cada profissional que aceita ser conduzido pelas minhas mãos e da Editora Leader, com confiança e entrega.

Mas quando uma obra traz a potência, o profissionalismo, a competência, a habilidade e o sonho de mulheres na aplicação de seus projetos com a Psicologia Positiva, as emoções positivas que essas mulheres me ofertam, definitivamente, me elevam a motivação, o empenho, juntamente com a convicção de que precisamos fazer ainda mais, para uma vida em sociedade melhor, mais equânime, menos patriarcal, sem posturas machistas, com inclusão e acolhimento, com menos violência às mulheres, com mais sororidade, mais justiça, mais oportunidades e mais amor fraternal entre todos os seres.

Por isso, acredito que você, que termina de ler agora esta obra, mulher ou homem, esteja refletindo que a inspiração que nutriu a jornada de cada autora possa ser transformada em ações pelas suas mãos de alguma forma, a médio ou longo prazo, acreditando que é possível sim dividir o que sabemos multiplicando mais bem-estar a todas as pessoas que podemos tocar.

Que essas autoras maravilhosas continuem plantando suas sementes de florescimento por onde passarem!

Andréa Perez
Head do Instituto Felicidade Agora é Ciência – IFAC

Referências

Capítulo 1 - A Psicologia Positiva aliada ao Coaching Positivo

SELIGMAN, Martin E. P. **Florescer**. Rio de Janeiro: Objetiva, 2019.

PEREZ, Andréa; LEVY, Daniela. **Psicologia Positiva Aplicada ao Coaching**. São Paulo: Leader, 2020.

FRANKL, Viktor E. **Em busca de sentido**. Petrópolis: Vozes, 2019.

WOLK, Leonardo. **Coaching** - A Arte de Soprar Brasas. Rio de Janeiro: Qualitymark, 2010.

Capítulo 2 - As Contribuições da Psicologia Positiva no Futebol de Alto Rendimento

DWECK, Carol S. **Mindset**: A nova psicologia do sucesso. Tradução S. Duarte. 1ª ed. São Paulo: Objetiva, 2017.

FLEURY, M. T. L. (2013). **As pessoas na organização**. São Paulo: Gente.

REPPOLD, C. T., Gurgel, L. G., & Schiavon, C. C. (2015). **Research in Positive Psychology**: a Systematic Literature Review. Psico-usf, 20(2), 275–285. Disponível em: https://doi.org/10.1590/1413-82712015200208

RUBIO, K. (2007). Da Psicologia do Esporte que temos à Psicologia do esporte que queremos. **Revista Brasileira de Psicologia do Esporte**, 1(1), 01–13.

SELIGMAN, M. E. P. (2002). **Authentic happiness**: Using the new Positive Psychology to realize your potential for lasting fulfillment. London: Nicholas Brealey Publishing.

SELIGMAN, Martin. E. P. **Florescer**: uma nova compreensão sobre a natureza da felicidade e do bem-estar. Tradução Cristina Paixão Lopes. Rio de Janeiro: Objetiva, 2011.

WEINBERG, R. S., GOULD, D. **Fundamentos da Psicologia do Esporte e do Exercício**. Tradução Maria Cristina Morateiro. 2. ed. Porto Alegre: Artmed; 2001.

Capítulo 3 - Bem-estar subjetivo aplicado à Neuroarquitetura

BOTTON, Alain de. **The Architecture of Happiness.** Vintage International, 2008.

CRÍZEL, Lori. **Neuroarquitetura, neurodesign e neuroiluminação.** Cascavel: Lori Crizel, 2020.

DIENER, E., Oishi, S., & Lucas, R. E. Personality, culture and subjective well-being: Emotional and cognitive evaluations of life. **Annual Review of Psychology,** 54, 403-425. 2003.

FERNANDES, Marcia Cristina Oliveira. **Psicologia positiva aplicada à psicologia clínica.** *Emotionalset®.* Editora Leader, 2018.

FURTADO, J. L. **Fenomenologia e crise da arquitetura.** Kriterion: Revista De Filosofia, 46 (Kriterion, 2005).

GÜNTER, H., Guzzo, R. S. L., & Pinheiro, J. Q. (Orgs.). **Psicologia ambiental:** entendendo as relações do homem com seu ambiente. Campinas: Alínea, 2004.

HILLMAN, J. **Cidade e alma.** São Paulo: Nobel. 1993.

JUNG, C. **O homem e seus símbolos.** Rio de Janeiro: Nova Fronteira, 1977.

NORBERG-SCHULZ, C. **Genius Loci:** Towards a Phenomenology of Architecture. New York: Rizzoli, 1980.

PALLASMAA, Juhani. **Os olhos da pele.** A arquitetura e os sentidos. Bookman, 2011.

PEREZ, Andréa Corrêa et al. **Psicologia Positiva.** Teoria e Prática. Conheça e Aplique a Ciência da Felicidade e das Qualidades Humanas na Vida. Editora Leader, 2016.

RODRIGUES, H. E. Relações entre a teoria de campo de Kurt Lewin e a Gestalt-terapia. In: Frazão, L. M.; Fukumitsu, K. O. (org.). **Gestalt-terapia:** Fundamentos epistemológicos e influências filosóficas, p. 114-144. São Paulo: Summus, 2013.

SELIGMAN, M. E. P. Florescer: uma nova compreensão sobre a natureza da felicidade e do bem-estar. Rio de Janeiro: Objetiva, 2012.

Capítulo 5 - Florescer Vidas

BRASIL. **Norma técnica de uniformização:** centros de referência de atendimento à mulher em situação de violência. Brasília, DF: Presidência de República, Secretaria de Políticas para as Mulheres – SPM, 2006.

BUENO, S.; MARTINS, J.; LAGRECA, A.; SOBRAL, I.; BARROS, B.; BRANDÃO, J. O crescimento de todas as formas de violência contra a mulher em 2022. In: FÓRUM BRASILEIRO DE SEGURANÇA PÚBLICA. **17º Anuário Brasileiro de Segurança Pública.** São Paulo: Fórum Brasileiro de Segurança Pública, p. 136-145, 2023. Disponível em: https://forumseguranca.org.br/wp-content/uploads/2023/07/anuario-2023.pdf. Acesso em: 10 ago. 2023.

FBSP - FÓRUM BRASILEIRO DE SEGURANÇA PÚBLICA (org.). Visível e Invisível: a vitimização de mulheres no Brasil. **Instituto de Pesquisas Datafolha,** 4ª ed., 2023. Disponível em: https://forumseguranca.org.br/wp-content/uploads/2023/03/visiveleinvisivel-2023-relatorio.pdf. Acesso em: 16 jul. 2023.

FBSP - FÓRUM BRASILEIRO DE SEGURANÇA PÚBLICA (org.) **15º Anuário Brasileiro de Segurança Pública**. São Paulo: Fórum Brasileiro de Segurança Pública, 2021. Disponível em: https://forumseguranca.org.br/wp-content/uploads/2021/07/12-violencia-contra-criancas-e-adolescentes-no-brasil-a-urgencia-da-parceria--entre-educacao-e-seguranca-publica.pdf. Acesso em: 16 jul. 2023.

IPEA - INSTITUTO DE PESQUISA ECONÔMICA APLICADA. Elucidando a prevalência de estupro no Brasil a partir de diferentes bases de dado. **Policy Brief - Evidências para políticas públicas**. Atlas da Violência. Diretoria de Estudos e Políticas do Estado, das Instituições e da Democracia – Diest. nº 22. Brasília, 2023. Disponível em: https://www.ipea.gov.br/atlasviolencia/arquivos/artigos/1694-pbestuprofinal.pdf. Acesso em: 16 jul. 2023.

KOLK, B.V. **O corpo guarda as marcas**. Tradução de Donaldson M. Garschagen. Rio de Janeiro: Sextante, 2020.

LESFEM – Laboratório de Estudos de Feminicídios. Monitor de Feminicídios no Brasil. **Boletim Outubro de 2023. Revista eletrônica**. Universidade Estadual de Londrina. Londrina, 2023. Disponível em: https://issuu.com/lesfemuel/docs/boletim_outubro_final Acesso em: 10 out. 2023.

MACHADO FILHO, H. (org.). **Glossário de Termos do Objetivo de Desenvolvimento Sustentável** 5: alcançar a igualdade de gênero e empoderar todas as mulheres e meninas. Brasil: Organização das Nações Unidas, 2016. Disponível em: http://www.onumulheres.org.br/wp-content/uploads/2017/05/Glossario-ODS-5.pdf. Acesso em: 05 ago. 2023.

MEDEIROS, L. (org.). **Políticas públicas de enfrentamento à violência contra a mulher**. 1ª ed. Departamento de Serviço Social. Rio de Janeiro: Letra Capital: PUC-Rio, 2018.

MOTA, S. R.; SILVA, O. P. Violência Doméstica e suas Consequências Psicoemocionais. **Revista Eletrônica Casa de Makunaima**. Universidade Estadual de Roraima. Roraima, 3 ed., Vol. 2, nº 3, 2019. Disponível em: https://periodicos.uerr.edu.br/index.php/casa_de_makunaima/article/view/387. Acesso em: 15 ago. 2023.

NAPOLITANO, C. Potencialização Coletiva das Forças de Caráter no Ambiente Organizacional. In: CORRÊA, A. P. (org.) **Psicologia Positiva Teoria e Prática**. São Paulo: Leader, 2016.

NETTO, L. A.; MOURA, M. A.; QUEIROZ, A. B.; TYRRELL, M. A.; BRAVO, M. M. **Violência contra a mulher e suas consequências**. Escola de Enfermagem Anna Nery. Universidade Federal do Rio de Janeiro. Facultad de Enfermería, Universidad de Murcia, España. SciElo Brasil. Acta Paulista de Enfermagem. Rio de Janeiro, 2014. Disponível em: https://www.scielo.br/j/ape/a/yhwcb-73nQ8hHvgJGXHhzw8P/?lang=pt# Acesso em: 20 jul. 2023.

OMS - ORGANIZAÇÃO MUNDIAL DA SAÚDE. **Relatório Mundial Sobre a Prevenção da Violência** 2014. Tradução: Núcleo de Estudos da Violência da Universidade de São Paulo. São Paulo, 2015. Disponível em: https://nev.prp.usp.br/wp-content/uploads/2015/11/1579-VIP-Main-report-Pt-Br-26-10-2015.pdf Acesso em: 25 ago. 2023.

ONU - ORGANIZAÇÃO DAS NAÇÕES UNIDAS. **Respect Women**: preventing violence against women. Geneva: ONU, 2019. Disponível em: https://respect--prevent-vaw.org/framework Acesso em: 15 jul. 2023

SASSI, A. P. **Síndrome de Estocolmo e violência doméstica contra a mulher**. Maringá: Viseu, 2021.

SELIGMAN, M. E. **A Vida que Floresce**: um novo conceito visionário da felicidade e do bem-estar. Tradução Pedro Soares. Alfragide, Portugal: Estrela Polar, 2011.

SILVA, A.B.; HABKOUK, P. (org.). **Glossário antidiscriminatório**: equidade de gênero e o combate contra a violência doméstica. Volume 4. Coordenadoria de Combate ao Racismo e Todas as Outras Formas de Discriminação (CCRAD) e Centro de Apoio Operacional das Promotorias de Justiça de Combate à Violência Doméstica e Familiar Contra a Mulher (CAOVD/MPMG). Belo Horizonte: Ministério Público do Estado de Minas Gerais, 2023. Disponível em: https://www.mpmg.mp.br/data/files/CB/E1/16/74/D0EB6810F80D2068760849A8/Glossario_Antidiscriminatorio_Vol4.pdf Acesso em: 15 ago. 2023.

RASHID, T.; SELIGMAN, M. **Psicoterapia Positiva** – manual do terapeuta. Trad. Sandra Maria Mallmann. Porto Alegre: Artmed, 2019.

WAISELFISZ, J. J. **Mapa da Violência 2015**: homicídio de mulheres no Brasil. ONU Mulheres, SPM, Flacso. Brasília, 2015. Disponível em: https://www.onumulheres.org.br/wpcontent/uploads/2016/04/MapaViolencia_2015_mulheres.pdf. Acesso em: 30 jul. 2023.

Capítulo 6 - Forças da Felicidade: passando a limpo a própria história

EHRENBERG, Alain. **O culto da performance**: da aventura empreendedora à depressão nervosa. Aparecida (SP): Ideias e Letras, 2010.

FREDRICKSON, Bárbara L. **Positividade**: Descubra a força das emoções positivas, supere a negatividade e viva plenamente. Tradução Pedro Libânio. Rio de Janeiro: Rocco, 2009.

LYUBOMIRSKY, Sonja. **The how of happiness**: A scientific approach to getting the life you want. Penguin Press, 2007.

NIEMIEC, Ryan. **Intervenções com forças de caráter**. 6ª ed. São Paulo: Hogrefe, 2019.

SCHAUFELI, Wilmar. O que é engajamento? In: VAZQUEZ, A.C.; HUTZ, C. **Aplicações da psicologia positiva**. São Paulo: Hogrefe, 2018.

SELIGMAN, Martin E. P. **Felicidade autêntica**: use a psicologia positiva para alcançar todo seu potencial. 2ª ed. Rio de Janeiro: Objetiva, 2019a.

_____. **Florescer**: uma nova e visionária interpretação da felicidade e do bem-estar. Rio de Janeiro: Objetiva, 2019b.

Capítulo 7 - Implementação da Psicologia Positiva como estratégia de ampliação das intervenções do setor de Recursos Humanos

GONÇALVES, E., LUZ, S., LIMA, A., BARCELOS, G., RIBEIRO, A. C., PAYER, M. G., LINO, T. (2023). Segurança psicológica prediz nível de engajamento de profissionais do futebol de alto rendimento. **Brazilian Journal of Development**, 9(5), 18322-18334. Disponível em: https://doi.org/10.34117/bjdv9n5-259

PACICO, J. C., & BASTIANELLO, M. R. (2014). A origem da psicologia positiva e os primeiros estudos brasileiros. In: C. S. Hutz (Org.), **Avaliação em psicologia positiva** (pp.13- 21). Porto Alegre, RS: Artmed.

PETERSON, C., & SELIGMAN, M. E. P. (2004). **Character Strengths and Virtues**. A handbook and Classification. Washington, DC: American Psychological Association. Oxford University Press.

WOLFF, L., & ANDRETTA, I. (2023). Avaliação da Eficácia de uma Intervenção Sobre a Percepção das Forças de Caráter e Bem-Estar Psicológico em

Profissionais de Tecnologia da Informação. **Revista Psicologia: Organizações & Trabalho**, 23(1), 2329-2337. https://doi.org/10.5935/rpot/2023.1.23095

Capítulo 8 - Mentoria com Forças de Caráter inspirando autoconhecimento e realizações

FREDRICKSON, Barbara L. **Positividade**: descubra a força das emoções positivas, supere a negatividade e viva plenamente. Rio de Janeiro: Rocco, 2009.

GONÇALVES, Priscila Cristina. Resiliência: Construções Positivas com Forças de Caráter. In: Corrêa, Andréa Perez. **Conexões positivas: como a psicologia positiva favorece a vida no século XXI com felicidade e sucesso**. 1. ed. São Paulo: Leader, 2022.

HUTZ, Claudio Simon; ZANON, Cristian; BARGAGI, Marucia Patta. Satisfação de Vida. In: Hutz, Claudio Simon (org.). **Avaliação em psicologia positiva**. Porto Alegre: Artmed, 2014. cap 03, p. 41-47.

NIEMIEC, Ryan M. **Intervenções com forças de caráter**. 1. ed. São Paulo: Hogrefe, 2019.

NIEMIEC, Ryan M; MCGRATH, Robert E. **O poder das 24 forças de caráter**: valorize e impulsione o seu melhor. São Paulo: Geniantis, 2021.

PAWELSKY, James O. The elements model: toward a new generation of positive psychology interventions. **The Journal of Positive Psychology**, 2020. Disponível em: https://www.tandfonline.com/doi/full/10.1080/17439760.2020.1789710 Acesso em: 10 jan. 2023.

PEREZ, Andréa. Positive Upgrade Coaching. In: Perez, Andréa. **Psicologia Positiva aplicada ao Coaching**. 1. ed. São Paulo: Leader, 2020. cap 03, p. 87-140.

_____. **Profissão Felicidade**: conhecendo a ciência, o cenário, a prática, os negócios e as atuações profissionais com o tema da felicidade. 1. ed. São Paulo: Editora Leader, 2023.

ZANON, Cristian; HUTZ, Claudio Simon. Escala de Afetos Positivos e Afetos Negativos (PANAS). In: Hutz, Claudio Simon (org.). **Avaliação em psicologia positiva**. Porto Alegre: Artmed, 2014. cap 05, p. 63-67.

Capítulo 9 - Mulheres extraordinariamente simples em busca de florescimento.

CSIKSZENTMIHALYI, Mihaly. **Flow**: A psicologia do alto desempenho e da felicidade. 1ª reimpressão. Rio de Janeiro: Schwarcz S.A., 2021.

FRANKL, Viktor E. **Em busca de sentido**: um psicólogo no campo de concentração. 50ª edição (revista). Petrópolis: Editora Vozes, 2020.

GALVÃO, Lúcia Helena. **A lógica e a inteligência da vida**: reflexões filosóficas para começar bem o seu dia. São Paulo: Planeta do Brasil Ltda., 2022.

NIEMIEC, Ryan M. **Intervenções com forças de caráter**: um guia de campo para praticantes. 6º ed. São Paulo: Hogrefe CETEPP, 2018.

SELIGMAN, Martin. **Florescer**: uma nova compreensão da felicidade e do bem-estar. 10ª reimpressão. Rio de Janeiro: Schwarcz S.A., 2020.

Capítulo 10 - Positivação do Ser Mulher: um estudo de caso da Psicologia Positiva na psicoterapêutica com Mulheres

BASTIANELLO, M. R.; PACICO, J. C.; Modelos de Psicoterapia em Psicologia Positiva. In: [Org.] HURTZ, C. S.; REPPOLD, C. T.; **Intervenções em Psicologia Positiva aplicada à Saúde**. São Paulo: Leader, 2018.

BECK, J. Terapia Cognitivo Comportamental: teoria e prática. Artmed, 3ª ed., 2022.

BURIN, M. (2012), **Género y salud mental**: construcción de la subjetividad feminina y masculina. Clase sobre género y salud mental, dictada en mayo de 2010 en la Facultad de Psicología de la Universidad de Buenos Aires. Disponível em: http://dspace.uces.edu.ar:8180/xmlui/bitstream/handle/123456789/1529/Burin_2010_Preprint. pdf?sequence=1, 2010.

CORRÊA, A. P. O que é Psicologia Positiva. In: BITTENCOURT, A. C. G.; Corrêa, A. P. & Livramento, R. **Psicologia Positiva aplicada à Psicologia Clínica**. São Paulo: Leader, 2018.

DIENER, E.; HEITZELMAN, S. J.; KUSHLEV, K.; TAY, L.; WIRTZ, D.; LUTES, L. D.; & OISHI, S. Descobertas que todos os psicólogos devem saber da nova ciência sobre o bem-estar subjetivo. **Psicologia canadense / Psychologie canadienne. Publicação online avançada**. Disponível em: http://dx.doi.org/10.1037/cap0000063. Acesso em: out. 2016.

KNAPP, P. **Terapia Cognitivo Comportamental na prática psiquiátrica**. Artmed, 2004.

KUYKEN, W., PADESKY, C., DUDLEY, R. **Conceitualização de casos colaborativa**: o Trabalho em equipe com pacientes em Terapia Cognitivo-Comportamental. Artmed, 2010.

INSTITUTO BRASILEIRO DE GEOGRAFIA E ESTATÍSTICA - IBGE. **Pesquisa Nacional de Saúde** 2019: Percepção do estado de saúde, estilos de vida, doenças crônicas e saúde bucal. Disponível em: https://www.ibge.gov.br/estatisticas/sociais/saude/9160-pesquisa-nacional-desaude.html?edicao=29270&t=resultados. Acesso em: 10 mar. 2024.

Instituto Cactus. Toda Matéria, 04 de março de 2022. 8 **Dados sobre saúde mental das mulheres**. Disponível em: INSTITUTO CACTUS. Acesso em: 15 mar. 2024.

CAPISTRANO, A. B. P.; CARVALHO, M. H.; VAHDAT, V. S.; BOEIRA, L. S. **Caminhos para saúde mental**. Disponível em: LivroDigitalCaminhosSaudeMental_Final.pdf (institutocactus.org.br) Acesso em: 15 mar. 2024.

RASHID, T., SELIGMAN, M. **Psicoterapia positiva**: manual do terapeuta. Porto Alegre: Artmed, 2019.

SELIGMAN, M. E. P. **Florescer** – Uma Nova Compreensão sobre a Natureza da Felicidade e do Bem-estar. Rio de Janeiro: Objetiva, 2011.

SELIGMAN, M. E. P. **Felicidade Autêntica**: usando uma nova psicologia positiva para a realização permanente. Rio de Janeiro: Objetiva, 2004.

Capítulo 11 - Premissas Conceituais da Psicologia Positiva para a Gestão de Pessoas

ACHOR, S. (2010). **O Jeito Harvard de Ser Feliz**. Rio de Janeiro: Saraiva.

ACHOR, S. (2013). **Por Trás da Felicidade**. Rio de Janeiro: Saraiva.

BEN-SHAHAR, T. (2007). **Aprenda a Ser Feliz**. Rio de Janeiro: Lua de Papel.

SELIGMAN, M. E. P. (2011). **Florescer**: Como a Psicologia Positiva Pode Ajudar Você a Viver Melhor. Rio de Janeiro: Objetiva.

LIM, J. (2021). **Além da Felicidade**: Como Líderes Autênticos Priorizam o Propósito e as Pessoas. São Paulo: Alta Books.

LYUBOMIRSKY, S. (2008). **A Ciência da Felicidade**. Rio de Janeiro: Campus.

DOLAN, P. (2015). **Felicidade Construída**. Rio de Janeiro: Objetiva.
PETERSON, C., & SELIGMAN, M. E. P. (2004). **Forças de Caráter e Virtudes**: Um Manual e Classificação. Oxford University Press.
CORRÊA, A. P. & ROMA, A. (Eds.). (2015). **Psicologia Positiva**: Teoria e Prática. São Paulo: Leader.
BOEHS, S. de T. M., & SILVA, N. (Orgs.). (2016). **Felicidade Construída**: Psicologia Positiva nas Organizações e no Trabalho. São Paulo: Vetor.
MARKS, N. (2010). **The Happy Planet Index**. TEDGlobal

Capítulo 12 - Psicologia Positiva e Mentoring: Práticas para o Desenvolvimento de Carreira

BERNHOEFT, Rosa Elvira Alba. **Mentoring**: Prática & Casos, fundamental para o desenvolvimento da carreira. São Paulo: Èvora, 2014
CSIKSZENTMIHALYI, Mihaly. **Flow**: A Psicologia do Alto desempenho e da Felicidade. Rio de Janeiro: Objetiva, 2020.
CORREA, Andréa Perez. **Psicologia Positiva**: Teoria e Prática. São Paulo: Leader, 2016.
DUTRA, Joel Souza. **Gestão de Carreiras**: A pessoa, a organização e as oportunidades. São Paulo: Atlas, 2019.
HUTZ, Claúdio S. **Avaliação em Psicologia Positiva**: Técnicas e Medidas – São Paulo: CETEPP, 2016.
HUTZ, Claúdio S. **Avaliação em Psicologia Positiva**: Porto Alegre: Artmed, 2014.
NIEMIEC, Ryan M. **Intervenções com Forças de Caráter**: Um guia de Campo para Praticantes. São Paulo: Hogrefe, 2019.
NIEMIEC, Ryan M. **O Poder das 24 forças de caráter**: Valorize e impulsione o seu melhor. São Paulo: Geniantes, 2021.
SELIGMAN, Martin E. P. **Florescer**: Uma nova compreensão da Felicidade e do Bem-Estar. Rio de Janeiro: Objetiva, 2019.
SELIGMAN, Martin E. P. **Felicidade Autêntica**: Use a Psicologia Positiva para Alcançar todo seu Potencial. Rio de Janeiro: Objetiva, 2019.
SNYDER, C. R.; LOPEZ, Shane J. **Psicologia Positiva**: Uma abordagem científica e prática das qualidades humanas. Porto Alegre: Editora Artmed, 2009.

O poder de uma
MENTORIA

uma aula na prática

Andréia Roma

Quem sou eu?

Sou a menina de oito anos que não tinha dinheiro para comprar livros.

Existe um grande processo de ensinamento em nossas vidas.
Alguém que não tinha condições financeiras de comprar livros,
para alguém que publica livros e realiza sonhos.

Sou a mulher que encontrou seu poder e entendeu que podia auxiliar mais pessoas a se descobrirem.

E você, quem é?
Qual o seu poder?

Entendi que com meu superpoder posso transformar meu tempo.

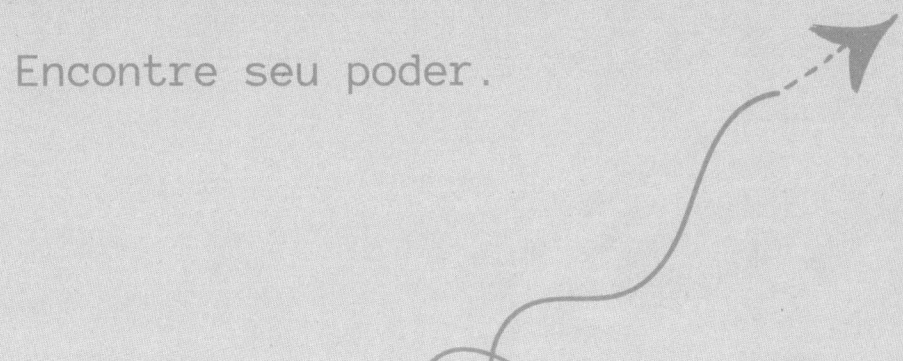

Encontre seu poder.

"Este é um convite para você deixar sua marca. Um livro muda tudo!"

Andréia Roma

Direitos autorais:
respeito e ética em relação a ideias criadas

CERTIFICADO DE REGISTRO DE DIREITO AUTORAL

A Câmara Brasileira do Livro certifica que a obra intelectual descrita abaixo, encontra-se registrada nos termos e normas legais da Lei nº 9.610/1998 dos Direitos Autorais do Brasil. Conforme determinação legal, a obra aqui registrada não pode ser plagiada, utilizada, reproduzida ou divulgada sem a autorização de seu(s) autor(es).

Responsável pela Solicitação:
Editora Leader

Participante(s):
Andréia Roma (Coordenador) | Andréa Perez (Coordenador)

Título:
Mulheres na psicologia positiva: edição poder de uma história, volume 1

Data do Registro:
19/07/2024 18:00:49

Hash da transação:
0x60b9e4aed20437e409a0e4744e709e14c0b36b8dfdce3114c9547e4e6cbaea6f

Hash do documento:
ff8761eb020d9ac5b6c283816afeac2e1f2dd7b09799d5ae31230ef7ed3ff31d

Compartilhe nas redes sociais

clique para acessar a versão online

Os livros coletivos nesta
linha de histórias e
mentorias são um conceito
criado pela Editora Leader,
com propriedade intelectual
registrada e publicada,
desta forma, é proibida
a reprodução e cópia
para criação de outros
livros, a qualquer título,
lembrando que o nome do
livro é simplesmente um dos
requisitos que representam
o projeto como um todo,
sendo este garantido como
propriedade intelectual nos
moldes da LEI Nº 9.279, DE
14 DE MAIO DE 1996.

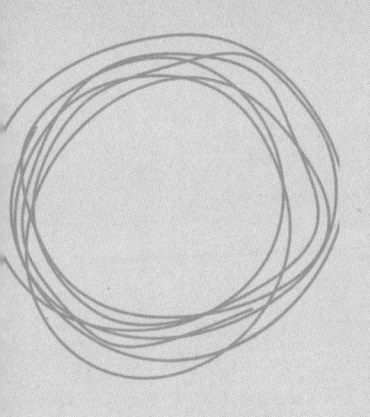

Exclusividade:

A Editora Leader tem como
viés a exclusividade de
livros publicados com volumes
em todas as temáticas
apresentadas, trabalhamos a
área dentro de cada setor
e segmento com roteiros
personalizados para cada
especificidade apresentada.

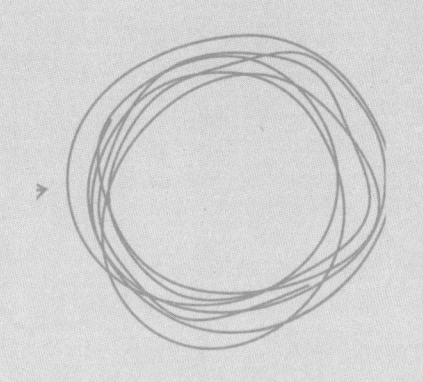

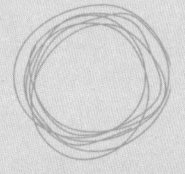

"Livros não mudam o mundo, quem muda o mundo são as pessoas. Os livros só mudam as pessoas."

Mário Quintana

"Somos o resultado dos livros que lemos, das viagens que fazemos e das pessoas que amamos".

Airton Ortiz

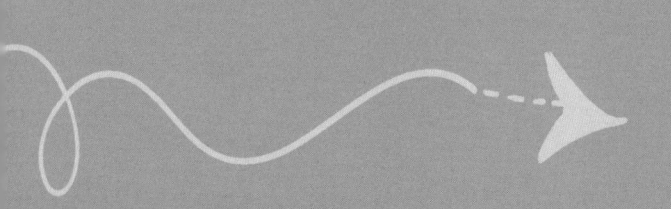

Olá, sou **Andréia Roma**, CEO da Editora Leader e Influenciadora Editorial.

Vamos transformar seus talentos e habilidades em uma aula prática.

Benefícios do apoio ao Selo Série Mulheres

Ao apoiar livros que fazem parte do Selo Editorial Série Mulheres, uma empresa pode obter vários benefícios, incluindo:

- **Fortalecimento da imagem de marca:** ao associar sua marca a iniciativas que promovem a equidade de gênero e a inclusão, a empresa demonstra seu compromisso com valores sociais e a responsabilidade corporativa. Isso pode melhorar a percepção do público em relação à empresa e fortalecer sua imagem de marca.

- **Diferenciação competitiva:** ao apoiar um projeto editorial exclusivo como o Selo Editorial Série Mulheres, a empresa se destaca de seus concorrentes, demonstrando seu compromisso em amplificar vozes femininas e promover a diversidade. Isso pode ajudar a empresa a se posicionar como líder e referência em sua indústria.

- **Acesso a um público engajado:** o Selo Editorial Série Mulheres já possui uma base de leitores e seguidores engajados que valoriza histórias e casos de mulheres. Ao patrocinar esses livros, a empresa tem a oportunidade de se conectar com esse público e aumentar seu alcance, ganhando visibilidade entre os apoiadores do projeto.

– **Impacto social positivo:** o patrocínio de livros que promovem a equidade de gênero e contam histórias inspiradoras de mulheres permite que a empresa faça parte de um movimento de mudança social positivo. Isso pode gerar um senso de propósito e orgulho entre os colaboradores e criar um impacto tangível na sociedade.

– ***Networking* e parcerias:** o envolvimento com o Selo Editorial Série Mulheres pode abrir portas para colaborações e parcerias com outras organizações e líderes que também apoiam a equidade de gênero. Isso pode criar oportunidades de *networking* valiosas e potencializar os esforços da empresa em direção à sustentabilidade e responsabilidade social.

É importante ressaltar que os benefícios podem variar de acordo com a estratégia e o público-alvo da empresa. Cada organização deve avaliar como o patrocínio desses livros se alinha aos seus valores, objetivos e necessidades específicas.

FAÇA PARTE DESTA HISTÓRIA
INSCREVA-SE

INICIAMOS UMA AÇÃO CHAMADA

MINHA EMPRESA ESTÁ COMPROMETIDA COM A CAUSA!

Nesta iniciativa escolhemos de cinco a dez empresas para apoiar esta causa.

SABIA QUE SUA EMPRESA PODE SER PATROCINADORA DA SÉRIE MULHERES, UMA COLEÇÃO INÉDITA DE LIVROS DIRECIONADO A VÁRIAS ÁREAS E PROFISSÕES?

Uma organização que investe na diversidade, equidade e inclusão olha para o futuro e pratica no agora.

Para mais informações de como ser um patrocinador de um dos livros da Série Mulheres escreva para: **contato@editoraleader.com.br**

ou

Acesse o link e preencha sua ficha de inscrição

Nota da Coordenação Jurídica do Selo Editorial Série Mulheres® da Editora Leader

A Coordenação Jurídica da Série Mulheres®, dentro do Selo Editorial da Editora Leader, considera fundamental destacar um ponto crucial relacionado à originalidade e ao respeito pelas criações intelectuais deste selo editorial. Qualquer livro com um tema semelhante à Série Mulheres®, que apresente notável semelhança com nosso projeto, pode ser caracterizado como plágio, de acordo com as leis de direitos autorais vigentes.

A Editora Leader, por meio do Selo Editorial Série Mulheres®, se orgulha do pioneirismo e do árduo trabalho investido em cada uma de suas obras. Nossas escritoras convidadas dedicam tempo e esforço significativos para dar vida a histórias, lições, aprendizados, cases e metodologias únicas que ressoam e alcançam diversos públicos.

Portanto, solicitamos respeitosamente a todas as mulheres convidadas para participar de projetos diferentes da Série Mulheres® que examinem cuidadosamente a originalidade de suas criações antes de aceitar escrever para projetos semelhantes.

É de extrema importância preservar a integridade das obras e apoiar os valores de respeito e valorização que a Editora Leader tem defendido no mercado por meio de seu pioneirismo. Para manter nosso propósito, contamos com a total colaboração de todas as nossas coautoras convidadas.

Além disso, é relevante destacar que a palavra "Mulheres" fora do contexto de livros é de domínio público. No entanto, o que estamos enfatizando aqui é a responsabilidade de registrar o tema "Mulheres" com uma área específica, dessa forma, o nome "Mulheres" deixa de ser público.

Evitar o plágio e a cópia de projetos já existentes não apenas protege os direitos autorais, mas também promove a inovação e a diversidade no mundo das histórias e da literatura, em um selo editorial que dá voz à mulher, registrando suas histórias na literatura.

Agradecemos a compreensão de todas e todos, no compromisso de manter a ética e a integridade em nossa indústria criativa. Fiquem atentas.

Atenciosamente,

Adriana Nascimento e toda a Equipe da Editora Leader
Coordenação Jurídica do Selo Editorial Série Mulheres

ANDRÉIA ROMA
CEO DA EDITORA LEADER

REGISTRE seu legado

A Editora Leader é a única editora comportamental do meio editorial e nasceu com o propósito de inovar nesse ramo de atividade. Durante anos pesquisamos o mercado e diversos segmentos e nos decidimos pela área comportamental através desses estudos. Acreditamos que com nossa experiência podemos fazer da leitura algo relevante com uma linguagem simples e prática, de forma que nossos leitores possam ter um salto de desenvolvimento por meio dos ensinamentos práticos e teóricos que uma obra pode oferecer.

Atuando com muito sucesso no mercado editorial, estamos nos consolidando cada vez mais graças ao foco em ser a editora que mais favorece a publicação de novos escritores, sendo reconhecida também como referência na elaboração de projetos Educacionais e Corporativos. A Leader foi agraciada mais de três vezes em menos de três anos pelo RankBrasil – Recordes Brasileiros, com prêmios literários. Já realizamos o sonho de numerosos escritores de todo o Brasil, dando todo o suporte para publicação de suas obras. Mas não nos limitamos às fronteiras brasileiras e por isso também contamos com autores em Portugal, Canadá, Estados Unidos e divulgações de livros em mais de 60 países.

Publicamos todos os gêneros literários. O nosso compromisso é apoiar todos os novos escritores, sem distinção, a realizar o sonho de publicar seu livro, dando-lhes o apoio necessário para se destacarem não somente como grandes escritores, mas para que seus livros se tornem um dia verdadeiros *best-sellers*.

A Editora Leader abre as portas para autores que queiram divulgar a sua marca e conteúdo por meio de livros...

EMPODERE-SE
Escolha a categoria que deseja

■ Autor de sua obra

Para quem deseja publicar a sua obra, buscando uma colocação no mercado editorial, desde que tenha expertise sobre o assunto abordado e que seja aprovado pela equipe editorial da Editora Leader.

■ Autor Acadêmico

Ótima opção para quem deseja publicar seu trabalho acadêmico. A Editora Leader faz toda a estruturação do texto, adequando o material ao livro, visando sempre seu público e objetivos.

■ Coautor Convidado

Você pode ser um coautor em uma de nossas obras, nos mais variados segmentos do mercado profissional, e ter o reconhecimento na sua área de atuação, fazendo parte de uma equipe de profissionais que escrevem sobre suas experiências e eternizam suas histórias. A Leader convida-o a compartilhar seu conhecimento com um público-alvo direcionado, além de lançá-lo como coautor em uma obra de circulação nacional.

■ Transforme sua apostila em livro

Se você tem uma apostila que utiliza para cursos, palestras ou aulas, tem em suas mãos praticamente o original de um livro. A equipe da Editora Leader faz toda a preparação de texto, adequando o que já é um sucesso para o mercado editorial, com uma linguagem prática e acessível. Seu público será multiplicado.

■ Biografia Empresarial

Sua empresa faz história e a Editora Leader publica.

A Biografia Empresarial é um diferencial importante para fortalecer o relacionamento com o mercado. Oferecer ao cliente/leitor a história da empresa é uma maneira ímpar de evidenciar os valores da companhia e divulgar a marca.

■ Grupo de Coautores

Já pensou em reunir um grupo de coautores dentro do seu segmento e convidá-los a dividir suas experiências e deixar seu legado em um livro? A Editora Leader oferece todo o suporte e direciona o trabalho para que o livro seja lançado e alcance o público certo, tornando-se sucesso no mercado editorial. Você pode ser o organizador da obra. Apresente sua ideia.

A Editora Leader transforma seu conteúdo e sua autoridade em livros.

OPORTUNIDADE
Seu legado começa aqui!

A Editora Leader, decidida a mudar o mercado e quebrar crenças no meio editorial, abre suas portas para os novos autores brasileiros, em concordância com sua missão, que é a descoberta de talentos no mercado.

NOSSA MISSÃO

Comprometimento com o resultado, excelência na prestação de serviços, ética, respeito e a busca constante da melhoria das relações humanas com o mundo corporativo e educacional. Oferecemos aos nossos autores a garantia de serviços com qualidade, compromisso e confiabilidade.

Publique com a Leader

- **PLANEJAMENTO** e estruturação de cada projeto, criando uma **ESTRATÉGIA** de **MARKETING** para cada segmento;

- **MENTORIA EDITORIAL** para todos os autores, com dicas e estratégias para construir seu livro do Zero. Pesquisamos o propósito e a resposta que o autor quer levar ao leitor final, estruturando essa comunicação na escrita e orientando sobre os melhores caminhos para isso. Somente na **LEADER** a **MENTORIA EDITORIAL** é realizada diretamente com a editora chefe, pois o foco é ser acessível e dirimir todas as dúvidas do autor com quem faz na prática!

- **SUPORTE PARA O AUTOR** em sessões de videoconferência com **METODOLOGIA DIFERENCIADA** da **EDITORA LEADER**;

- **DISTRIBUIÇÃO** em todo o Brasil — parceria com as melhores livrarias;

- **PROFISSIONAIS QUALIFICADOS** e comprometidos com o autor;

- **SEGMENTOS:** Coaching | Constelação | Liderança | Gestão de Pessoas | Empreendedorismo | Direito | Psicologia Positiva | Marketing | Biografia | Psicologia | entre outros.

www.editoraleader.com.br

Entre em contato e vamos conversar

Nossos canais:

Site: www.editoraleader.com.br

E-mail: contato@editoraleader.com.br

📷 @editoraleader

O seu projeto pode ser o próximo.

Anotações

Anotações

EDITORA LEADER